Phénoménologie de la spiritualité

霊性の現象学

キリスト教哲学のために

Pour Philosophia christiana

佐藤　国郎
Kuniro Sato

アルテ

はじめに　fides et ratio

エチエンヌ・ジルソンは *Le thomisme* の導入部、〝哲学者と信仰者〟と題された箇所で、「どのような場合にも、私たちが神の言葉について信じていることを理解しようという欲求が、理性の自然な光を曇らせないかを知ることが問題では[1]」と問い、この問いに確信とともに、「真のトマス主義の精神は、信仰が自然的理性の働きに対して及ぼす好ましき結果への限りない信頼を含んでいる[2]」と答える。聖トマスは、哲学者にして神学者として、前者である限り真理をただ理性という泉に求めつつ、二つの異なる泉、理性と神により啓示された真理への信仰、から湧き出る真理を受け入れる[3]。

聖トマスその人に具現化されるキリスト教哲学 philosophia christiana の可能性、いわば理性のキリスト教的な使用の可能性は、また言葉を換えて、「神の現実存在の信仰と、哲学的論証がその信仰に与える確かな認識との関係は、真に解決不可能な何らの問題も提起しない[4]」と明言される。理性に対する信仰の役割は、まさに自然に対する恩寵の役割に他ならず、「理性の働きは好ましく健全で、重要である。なぜなら、この働きは次のことを証明する。理性自身にゆだねられて、哲学は確かさとともに、誰もが神と名付ける第一存在の現実の在り方を確立することができる[5]」。

神の第一の名は存在と理解するなら（出エジプト記の形而上学）、信仰と理性とは揺るぎない調和を保ち、キリスト教哲学は、信仰と理性という二つの秩序を区別した上で、啓示を理性に欠くことのできない補助者と考える哲学である。「神は自らを在る者 Celui Qui Est として啓示したのであるから、哲学者は、存在者の起源と核心自身に、現に存在するという純粋な現実態 acte pur d' exister を位置させなければならないことを知る[6]」。

およそ半世紀を経て、ジャン‐リュック・マリオンは、出エジプト記の形而上学について、「ここでキリスト教哲学は、啓示から、存在の純粋な現実態 actus purus essendi を、在る者 sum qui sum の概念的等価として合理的に考えるという要請を受け取る[7]」と述べながら、「キリスト教哲学は、一つの哲学的言明を、神の最初の名前と解釈することに満足している[8]」と指摘する。ここでは、二つの問題が提起される。一つは、キリスト教哲学が、たとえば外界の客観性という一般に認識される（キリスト教哲学なしに）現象の解釈に関わるという点で、この時には、「キリスト教哲学が提言する新しい解釈、哲学のキリスト教的解釈と同じだけの新しい哲学がもたらされない[9]」という批判が常に可能となる。もう一つの、そしてより重要な問題は、神の第一の名を存在とすることの妥当性で、マリオンは「もし、神が自らを愛 charité として啓示したのでなければ、神を存在の現実態の内に認め、またこの創造的行為がすべての存在者に存在を与え、存在者を決してただ動力因 cause efficiente によって作り出すのではないことを理解するのは不可能となる[11]」と述べる。出エジプト記の形而上学に対する**神は愛である**[12]の優位、存在は神の名の一つであっても、必ずしも第一ではなく、神では愛と善性とが存在をはるかに凌駕する。このことを、マリオンは聖トマス自身の言葉により確証する。「存在それ自身が神の善性の類似である Ipsum esse est similitudo divinae bonitatis[13]」。

したがって、キリスト教哲学は、啓示あるいは啓示された事柄の学という神学に対して、愛に基づく立場からの世界への対峙、キリスト教哲学によりはじめて可能となる世界の現象の新たな解釈となる。この意味で、notional（conceptual）assent よりむしろ real assent が求められ、主体と客体という図式による対象の認識、表象ではなく、「問題なのは魂 âme の十全な導きで、そこでは他者との結びつきのために、対象との志向的隔たりは消滅する[14]」。認識 connaissance ではなく承認 reconnaissance という視点に明らかにされる世界の異なる次元、「キリスト教の眼差しは、世界の中で、その時まで不可視のままであった現象を出現させ、明らかにする。そこから、すでに可視的な現象の新しい解釈が適法となる[15]」。

キリスト教哲学は、愛の解釈学 herméneutique de la charité と定義されるとしても、マリオンの言葉、**知解するために愛せ** Ama, ut intelligas[16] は、理性と信仰との調合を示すのではない[17]。なぜなら、哲学はたとえキリスト教的であっても、自然的理性の領域にあり、神学は啓示の範囲でおこなわれる。「もし、理性の補助者は愛の啓示であるなら、次のように言おう。世界へのキリスト教の眼差しの明確な対象は、**ただ愛するという条件**で見られ、考えられることのできるすべての事柄におよぶ（強調は引用者）[18]」。キリスト教の眼差し、つまり愛の還元が気づきを促すのは、愛以外に還元されることができない事柄である。他方で、愛の還元により、自然的理性の可能性が拡がる点は否定し難い。たとえば、「愛の眼差しは、経済活動を、人々の間の共同体生活の一つの様式として、単に相互の搾取の道具としてではなく解釈することを可能にさえする[19]」。

理性と啓示との区別されるべき領域の侵犯ではなく、また単純な並置ではない。このきわめて微妙な立場の表現が解釈学という用語に他ならず、ジルソンの意図した調和は、マリオンにより批判的に継承され、キリスト教哲学をめぐる問題は、成立の可否を問う二項対立[20]ではなく、その内実の再検討という新しい段階へと進む。そして、この試みを導くのが現象学[21]で、愛の解釈学は霊性の現象学と考えることができる。

目次

第一章　キリスト教哲学の現象学的基礎

I　主体の外で

マリオンは、デカルトが cogito により獲得された ego を実体と解釈したという考えに対して、「仮に、デカルトが困難なく、ego を、《私の思惟作用の基体 subjectum meae cogitationis》と、カントが超越論的主体は《すべての思惟の基礎へと基体》を提供すると認めたのと同様の仕方で認めたとしても、ego に実体の地位を授けるのは、本質的にして時間的な制約、これがなければ厳密に言って何ら有限な実体を認めることができないという、神の常なる永続する協力をともなう限りである」[1]と述べる。

デカルトが ego を実体として資格づける時には不可欠の条件をともなう。この指摘は、ego と実体との結びつきの理由、必然性を問うことに重なる。「実体という概念の使用は、ただ神の存在を証明（偶性／有限な実体／無限な実体の間の位階を許容しつつ）する、また延長を思惟から区別（実体の二つの類型の主な属性として）するために、デカルトに不可欠となるので、それ以上ではない pas avant」（DH,p.54）。この pas avant という言葉が示しているように、デカルトは必要に応じて ego を実体として資格づけたので、制約の外では、思惟する限りで現実に存在する ego は、必ずしも実体という地位を要求することなく、原理としての役割を果たすことができる。「ego の偶発的な実体性への反論は、権利上と事実上、思惟する限りの ego の現実存在についての議論には、絶対に向けられない（強調は引用者）」（Ibid.）。したがって、デカルトが問題としたのは、主体と客体の図式で理解される主体 sujet ではなく、むしろ基体 substratum、思惟という様式を支える事物 res で、物質的あるいは身体的事物が res extensa[2] という資格で、延長の様式を支えることと正確に対応する。

マリオンが、デカルトを単純に近代哲学の出発点とする理解に偏りを認め、デカルトの体系の形成に中世の哲学が演じる役割を指摘していることは明らかで、この意味でやはりジルソンを継承していると考えられるが、継承は発展となる。「もし、懐疑が根源的に表象を働かせるのであれば、このことは、疑う限りで思惟する ego は、すべて表象された事柄を表象する者の要求に従わせることを意味する」(DH,p.56)。つまり、ego は思惟作用に先立つ必要があり、この時には、ego は表象される事柄の前あるいは中で、自らを表象していると仮定しなければならない。「私は思惟する cogito、私は在る sum は、おおもとで、私は自らを思惟することを思惟する cogito me cogitare と同等となる」(Ibid.)。デカルトは、スコラ哲学の区別を適用するなら、対象に向かう第一志向ではなく、意識が働いている意識自身へと向かう第二志向によって獲得される明証性から出発する、この理解もまた広くおこなわれている。マリオンはデカルトを起点として、それ以前へと遡る（ジルソンの継承）だけではなく、それ以降へと歩を進め（ジルソンからの発展）、ego cogito を表象から出発して解釈する近代哲学[3]の立場を再検討する。

明確に、「まさに、ego は、自らと、表象の関係を維持していない。またデカルトは、res cogitans[4] の諸様式の中で、けっして表象に言及しない」(DH,p.59) と指摘し、次のように述べる。「表象は、一つの隔たり（アンリは脱自 extase と言うであろう）を含んでいるが、それにより、表象された事物は表象する思惟、それゆえ表象者自身から区別され、自己意識と自己以外の他の事物の意識との間に、一つの隔たりを跡づける」（DH,p.58）。この隔たりは、一方では表象すると表象されるとを結びつけ、他方では両者を引き離す。むしろ、結びつきを可能にするのは隔たりで、この場合には、原理上自己による自己の経験は不可能となる。なぜなら、ego は、自らに対して、表象者から表象された観念へという関係を保っている限り、他のすべての表象と同様に、懐疑を免れることができない。

マリオンは、自己の直接経験を事物の間接経験の中で保障するのは、表象ではないことを確認しつつ、「前者の保障は、ただ感じる sentir - 自己が自己を、表象者と表象された事柄との間の隔たり、脱自なくして根源的に感じる、唯一自己の検証とその現実存在とを ego に直接に明らかにする、感じるに基づく」（DH,p.59）と結論づける。疑いなく、マリオンの視線はミシェル・アンリに注がれているとして[5]、キリスト教哲学という視点から、異なる結論を導くことができる。つまり、私を十全に理解することの不可能性は、同時に他者の理解の不可能性であって、表象の次元、私自身が主体、認識される私と他者とは客体という関係では、仮に認識（少なくとも不十分な）は可能であっても、承認は不可能となる。主体が客体に向ける眼差しはあくまで注視、監視 surveillance で、愛の眼差し bienveillance ではない。

近代哲学の要請にしたがって作り上げられたデカルト像に異議を唱える、マリオンの意図はこの点に限られない。本来の意図は、デカルトを手掛かりにして、自らの（フッサールとは異なるとともに、形而上学の克服を目指す）現象学をより豊かにしつつ、その神学に向けた意義を一層深めることにある。「脱自的ではなく、対象を志向しない、しかし直接に自らが根源的に感じるという様式により影響される思惟作用。ここに、新しい境界が、ego sum ego existo の解釈の中に記される。そして、私たちを、おそらく未だに主観性と呼ぶべきこと、しかし確かに超越論的ではない主観性から切り離すのは、この境界であろう（強調は引用者）」（DH,p.59）。

マリオンの意図は、自ら問いを発し、それに自ら答えるという、遥か聖トマスに連なる論述により一層明らかとなる。「デカルトは思惟を一つの事実として仮定している。それゆえ、一つの原因を思惟に帰属させ、思惟は ego に、その思惟する原因として到来する」（DH,p.60）。問われているのは、因果関係という考え自身が疑問に付されるなら、デカルトは、因果関係を、世界の事物の中で検証する以前に、ego の思惟作用に対する関係として仮定しているのであるから、その ego の推論は無効になるという点で、マリオンは次のように答える。「仮に、少なくとも原因の中には、結果の中と同じだけの事柄がなければならないという要求は、最後には、自らが自己原因として解釈される神の本質にまで及ぶとしても、この要求は、遡及的にさえ、ego がおこなう思惟作用には適用されず、思惟する限りの ego の現実存在を確証する議論には、より一層適用されない（引用者が一部改変）」（Ibid.）。

先に論じられた ego を表象とともに理解する解釈は、言葉を換えれば、存在者を思惟者としつつ、究極の存在者は自己思惟という性格を持つとする立場で、他方、ego への因果関係の適用は、存在者を因果的に生じたとしつつ、究極の存在者を自己原因とする立場と考えられる。明らかに、マリオンは、デカルトに託されたこの二つの形而上学を念頭に置いて、「デカルトの文献のわずかでも正確な読者には、cogito の議論は、ego の実体あるいは主体という定義に基づく（導く）、実体を表象に、その上に反省に依存させ、最後に、実体を一つの原因、まさにその固有の思惟作用の原因と解釈することに導く、このことを当然と認めるのは不可能と思われる」（DH,p.60）と述べる。

Ⅱ　思惟の受動性

（a）到達点と出発点

問題は次のように提起される。「とりわけ、思惟する事物は、けっしてただ中立的に思惟するとして現れるのではなく、常に既に一つの様式の下で現れる点に注目する」[6]。この言葉は、思いがけなく見落としている、延長する事物が単純に延長として現れることはなく、現れにはそれぞれの形や運動による変様が加わるという事実と同様の、明白な事実に気づかせる。res cogitans は、はじめは中立で、その後に個体性へと分岐していくのではない。「すでに一つの様式を持たない思惟本性がないのは、すでに一つの個別的形象をもたらさない延長本性がないのと同じである」（SP,p.23,note,2）。そして、マリオンは、ここで述べられる**思惟の受動性**が、フッサール後の現象学の発展に重なると考える。「主体（超越論的あるいは非超越論的）と外的世界との関係は、心的表象という動力因ではなく、志向性を経由する。志向性自身は、受動的総合、世界内存在、《chair du monde》[7]の内で展開する」（SP,p.35）。この問題は、一方ではデカルト哲学の到達点[8]、他方ではフッサール後の現象学の出発点と考えられ、解決が必要な課題を生じる。

中心となるのは、因果関係、正確には動力因の扱いで、認識は原因（事物）と結果（観念）との関係と理解される時には、原因と結果とが同じ形相を分かち合う必要はなく、両者は類似や一致として結びつくことはない。動力因は、この点で形相因から区別され、これにより因果関係は動力因を意味するという、同時に存在的で認識論的な特権を持つ。これに対して、マリオンの解釈では、「デカルト最後の議論は、相似や類似という概念に基づき、この概念は、デカルトの科学説が確かに無効にした形相 forma の理解を仮定している」(SP,pp.43-44)。そして、因果関係と相似あるいは類似との間で、選択を余儀なくされる。[9] なぜなら、私に基づかない観念の確実な原因があり、この原因を物質的事物に帰することが可能であっても、延長により形象や運動を再構成する以外には、原因とされる物質的事物に近づく手段はないと思われるからである。

(b) Ma chair

デカルトは、MeditatioⅥの冒頭で、「注意深く、想像力が何であるかを考える時、想像力は認識する能力の、それに内的に現前する、それゆえ現実に存在する身体への一つの適用以外ではないことを発見する」[10] と述べているが、思惟の一つの様式、想像力により、私の身体の現実存在が確認され、私の思惟の最も確かな論証は、その一つの様式（想像力）が示唆する事柄にまで及ぶ点を指摘している。これに対して、マリオンは、「精神と身体との間の区別（MeditatioⅥの表題の第二の部分を占める）は、一方では物質的世界の物体、他方では chair という私の身体との間の、より本質的な差異に開かれる」(SP,p.61) と、また「物体の現実存在は、証明が必要なままであるのに対して、chair という私の身体の現実存在は、すでに迂回なく、一つの確実性として課せられる」(Ibid.) と述べている。問題は、corps の二つの意味、物体と身体（正確には chair）との確かさの違いと思われる

ところで、デカルトは、「私は外官に基づく判断に誤りを見つけ、またただ外官だけではなく、内官にさえ基づく」[11] として、手や足を失った人が、依然として失った身体の部位に痛みを感じる例を挙げている。この例は、おそらくデカルト自身の意図とは別に、内的感覚（失った部位に感じる痛み）は錯覚であっても、このような錯覚は身体の感覚への密着の現れと考えられる限りで、身体の現実存在の確かさを明らかにする。つまり、身体、とりわけ私の chair は、認識する能力より以上に感覚する能力に与えられ、錯覚さえも、一種の逆説（不在が現前を明らかにする）の役割により、身体が現前する（あるいは現前した）ことを知覚させる。

マリオンは、結論として、「物質的事物の現実存在という問いは、精神と身体との区別という問いと結びついているのと同様に、この区別自身（またこの区別が条件づける統一）が、純粋に唯一延長する物体と、私の下にあるだけではなく、私自身であるような私の身体とのより本質的な区別を仮定している」(SP.p.62) と述べる。マリオンのデカルト解釈の礎石は、物体と身体との厳密な区別にあるとして、この区別は corps と chair との識別、特に後者の概念の導入によりはじめて可能となる。明らかに、フッサール後の現象学の成果が取り入れられ、今後は、区別と統一という問題は、思惟、私の身体、物体という三つの項目にわたり、この時、私の身体の主な働きは感じるであることを忘れてはならない。「純粋な思惟作用は苦痛を感じない。

それゆえ、私の精神は、苦痛を感じ、自ら苦しむためには、chair の中で、身体を獲得しなければならない（受肉、身体化する）」（SP,p.70）。

すでに言及したように、思惟の受動性あるいは受動的思惟作用 cogitatio passive（SP,p.71）は、デカルトの到達点、フッサール後の現象学の出発点と考えられるが、またマリオンのデカルト解釈の主眼で、MeditatioⅥの読解の成果は、「他の事柄、私を取り巻き、延長の中の事物として体験される一般に物理的な事物と、私が、体験により、自らを自らが欠乏（空腹、のどの渇き、など）の中で体験することで知る私の身体とを根源的に区別することに導く」（Ibid.）と明言される。

ここで興味深いのは、当のフッサールが *Meditationes* をどう読み、それをマリオンがどう受け止めたかで、*Cartesianiche Meditationen* のV. Meditation が言及される。この第五省察で論題となっているのは、いわゆる monadologische Intersubjektivität で、マリオンはこの問題構成を、「フッサールは、ego cogito の定義を、もはやただ、そして第一に、志向性という導きの糸にしたがってではなく、その世界への記載の考察から出発して、根源的に捉え直す」（SP,p.72）と要約する。世界という言葉は、私を取り巻く物体、その中には他者の身体が含まれ、一言では志向性の対象を意味する。そして、私は、他者の間にある物理的身体として延長する存在者の中に位置している。しかし、「この自然と世界の中で、私の身体は、本来 chair（機能する有機体）として構成され、また構成されることのできる唯一の身体である」（SP,p.73）[12]。

したがって、問題は、フッサールによる Körper と Leib との区別で、「ego は一片の蜜蝋を感じることから始めるが、感じられた物体、それは何も、私の chair も他者の身体も、それ自身も感じない」(Ibid.)。ego は感じることから始める、この確認とともに忘れてはならないのは、私の chair は何かを感じる時には、同時に自らを自ら自身で感じているという点で、chair とは、「感じつつ、蒙りつつ、そして常に自らを自ら自身で思惟する ego cogito」(SP.pp.73-74) に他ならない。それゆえ、世界は、受動的にして時には苦痛を蒙る私の chair に、外部から働きかける性質として現れ、この外部は、受動的に受け取られ、能動的に働きかける、また多様性という特徴により、「普遍数学 Mathesis universalis が、やがて私に知らせることができる事柄を凌駕する」(SP.p.75)。導かれる見解は明らかで、「デカルトはフッサールによる区別を先取りしている」(Ibid.)。

マリオンは、デカルトからフッサールという方向ではなく、むしろ後者から前者へと遡行している、この印象はぬぐえないとしても、現象学にとり重要と思われる一つの知見が与えられる。「志向的対象が、私に作用を及ぼさない構成により知られるのと同じだけ、chair は作用を蒙った受動性によって世界に曝される」(Ibid.)。志向性に基づく思惟、いわば能動性は、必ず chair の受動性をその不可欠の要素としてともなうのであり、従来のデカルト解釈が見落としたこの点に、フッサールは気づきつつあった[13]。そして、フッサールではいまだ潜在的であった気づきを様々な形で顕在化したのが、フッサール後の現象学と考えられる[14]。思惟の働きの中には、普遍数学の対象とは異なる不可欠の要素、世界の経験があり、実は、chair によって開かれる世界という感覚の領分こそが、chair への抵抗としての、延長する事物の現実存在の現れの場に他ならない。「まさに外的な世界は、ただ、私の chair、meum corpus[15]に対して開示され、何ら思惟しない私の身体、何ら感じない私の悟性に直面する、事物の普遍数学に属する延長として、直接に開示されるのではない」(SP,p.76)。

ここで、外的を超越、内的を内在と理解するなら、思惟に内在するのは、洞察される事物の単純な性質で、その現実存在の議論の可能性は、あくまで超越に向かう感覚により与えられる。実存と本質という区別を用いると、「すべてはあたかも、物質的事物の実存の認識は、その本質の認識に使用される、res extensa についての、同一の様式の権限には属さないかのように推移する」(SP,p.77)。本質は想像力の助けを借りる悟性により、実存は感覚により認識され、「外在性は、ただ、最も内的な meum corpus に開かれる」(SP,pp.77-78)[16]。

（c）疑わしさ

先に、デカルトが、手や足を失った人が依然として失った身体の部位に痛みを感じるという例を挙げ、感覚の疑わしさを指摘したことを述べたのであるが、これに関連してマリオンは、「感じるは、必然的に真であるような可感的な事柄（事物の特性）を感じることにあるのではなく、単純に、時として事物の特性としては誤り、しかし常に感じ取られた限りで真という一つの感情を感じ取ることにある」(SP,p.100)と言及する。感覚は人を惑わすとしても、人は確実に感情を感得する。身体の失われた部位に痛みを感じる時、この痛みを、失われた部位の特性とする誤りに対して、痛みという感情は確実に感得されている。一方では、知覚により外的（超越的）事物を感じる、他方では、超越的事物なくして感情あるいは情念を感得する、この両者の間の差異は思惟の明証性と深く関わる。「悲しみと喜びとは、外的原因としての世界の事物を免れることができる。また、受動的な魂に、何らの脱自も混乱させ、条件づけることのない、完全な内在性の内で繰り返し現れるだけ、より一層の力をともなって働きかける」（SP,p.101）。

感覚が惑わすのは、人よりむしろ能動的思惟で、受動的思惟は感じるという形をとる。ここで、能動性と受動性と、どちらが先かという問いはもとより無意味で、このような問いに固執する限り、デカルトの到達点とフッサール後の現象学、つまり phansiologie の理解は不可能となる。問題は、両者の明証性の違い、働きの度合いを明確にすることで、この時使われるのが、meum corpus と考えられる。マリオンは一つの例を示す。「祈りという経験が問題で、祈りは、拡がりを持つ身体の外部で精神を魅惑し、精神を物質的事物に対して不感的にする。なぜなら、**相互**に、感じるという力（それゆえ chair）は神に専心する（強調は引用者）」（SP,p.102）。精神は思惟することで感じ、身体は感じることで思惟し、chair として働く。「身体的 chair を含意する、感じるという受動性は、それにもかかわらず精神、res cogitans の中に置かれなければならない」（Ibid.）。

もう一度、身体の失われた部位に痛みを感じるという例に戻ると、感じるという働きにより与えられる事柄と感じるという働き自身との間には、前者は疑いを含み、後者は疑いえないという明確な差異が認められ、また後者は meum corpus を明らかにする。デカルトの方法的懐疑が到達する最も根源的な問いは、meum corpus が疑いを免れることができるかで、「感じるは思惟すると同等で、思惟はその対象ではなく、自ら思惟することを**現象させる**、思惟するという行為に基づく（強調は引用者）」（SP,pp.107-108）。マリオンの現象学の立場からのデカルト解釈の一つの結論は、cogito に対する meum corpus の確実さの指摘で[17]、方法的懐疑は、少なくとも、単純に cogito を導くのであれば、この懐疑は疑わしいと考えられる。

　論が進むにつれて、マリオンが、meum corpus を、chair として明確に理解し、確実さの重点を置きつつあることは、「デカルトに、魂と身体という二元論を帰することはできない。まさになぜなら、二つではなく、三つの項を認めているからである」（SP,p.117）という言葉で示される。ここで言われる三つの項とは、物理的で延長する身体、思惟する魂、そして meum corpus で、「身体と meum corpus との混合は、共通の拡がりの中で、両者の諸部分の混合を含意し、魂とその身体との間の錯綜（混合ではあるが、別の類型の）は、部分を持たない事柄と、持つ事柄との間の関係をもたらす」（Ibid.）。マリオンの知見は、またデカルトに帰せられる二元論の由来を知らせる。魂は部分を持たず、身体および chair は部分を持つ。それゆえ、魂と身体とは、区別をともないつつ錯綜し、身体と chair とは、区別されることなく混合する。この説明に、「受動性という様式で、meum corpus は（自らを）感じ、思惟することができる。しかし、この経験は客観性や拡がりという様式で記述されない」（SP,p.118）という指摘が加わる。

確実さの基準は、一般に客観性に置かれていることは疑いないとしても、両者は必ずしも同一ではなく、確実さが受動性に基づく可能性は否定できない。思惟 - 明証、感覚（感情）- 錯誤という単純な図式はもとより成立せず、そもそも思惟は受動性なくしては働かない。res cogitans の統一は、その様式の疑うことのできない多様性をともなう。「デカルトの cogito は、ひとたびその現実存在が獲得され、その本質が確かめられると、一連の様式により定義され、これらの様式は、デカルトが思惟作用 cogitatio により理解したことを忌避し、pensée という、不可避にして容認される翻訳の不正確さに固執するならば理解することはできない」（SP,p.121）。一言では、問題は、cogito の受動性の理解である。

統覚 aperception の自発性やまったく純粋な魂の働きにしたがう能動的思惟ではなく、自らに到来するあらゆる事柄への受容性にしたがう受動的思惟、このような ego pensant pensif[18] について、マリオンは一歩踏み込んで、「chair として受動的に思惟することは、一つの正確な意味を持ち、ego pensif という思惟の特権を示す」（SP,p.127）と述べる。cogitatio あるいは pensée が、遠心的にして一方向で、この意味で対象を構成するのに対して、ego pensif は求心的、相互方向的、つまり自らを感じることなくしては何も感じない、受容性を不可欠の要素とする。後者の特権は、たとえば《世界内存在》により保証されるとともに、この特権の承認は、超越論的主観性や志向性というフッサール現象学の基礎概念の役割に変化をもたらす。デカルト、そしておそらくフッサールを含むデカルトに続く哲学者の出発点、cogito ergo sum は、フッサール後の現象学を経由して、一つの到達点に至る。私は自らを自らにより感じつつ感じ、現実に存在しているのであり、「あらゆる感じることは、ego [cogito]sum を含んでいる」（SP,p.129）。

私の確実さを、自らを思惟することの明証性と理解する時には、他方で、私（思惟する）と思惟された事柄との間の隔たりは未解決のままで、ただこの問題を、私（思惟する）と私（思惟された）との関係に移行させたにすぎない。言葉を換えれば、第一志向の明証性は不問のままで、第二志向の明証性から出発する。しかし、この場合には、後者が明証であればより一層、私と物質の単純な性質や数学的真理というような明証と見なされる事柄との間に、神の誠実あるいは全能の神を仮定しなければならない。また、「いわゆる cogito の議論は、まさにデカルト的（誇張された）懐疑が資格を失わせる機能を持つ、思惟作用の、純粋に認識論的な、習慣的使用にしたがって考えるのならば、このデカルト的（誇張された）懐疑に抵抗することはできないであろう」（SP,p.131）。マリオンは、感じることの直接性に加えて、確実さを指摘するのであるが、それは、感じるは純粋な現れに他ならず、そこに ego との隔たりを見出す余地がないからで、auto-affection という用語を使うなら、res cogitans は、自らに対して auto-affection の様式で現象し、この時には、meum corpus が ego の究極の形象として現れる。

（d）原初的

マリオンは、すでに魂と身体との合一を、ビランの用語を使って原初的 primitif と記述しているのであるが、この言葉の意味を明確にすることで、思惟の受動性のより一層深い理解が可能となる。はじめに、魂あるいは身体のどちらかから出発する、つまり両者のそれぞれを原初的とする発想は斥けられ、「魂と身体との合一は、合一自身から、ただ合一から考えられなければならない」（SP.p.140）と述べられる。この指摘は、自然的態度の変更を要求する。魂と身体との合一を、事物間の相互作用と考える傾向は一般的で、この最も顕著な例は機会原因論と思われるが、魂は身体により動き、動かされるという発想は、明らかに物理的因果関係を想定する。しかし、一方で延長により構成される物質的世界を、他方であくまで能動的な思惟作用により認められる精神の世界を構想するならば、あらかじめ二つの《原初的》が先取され、原初の合一は見失われる。

自然的態度の《自然的》は、また物理的、物質的とも考えられ、機会原因論は明らかに、精神の世界の説明の原理を、物質的世界に置いている。これに対して、マリオンが提起するのは、物理的世界が、魂と身体との合一あるいは相互作用の範型を示すのではなく、むしろ非物質的な動因の物質的事物への働きかけの中に、合一自身を見つけることである。「合一を、合一とは異なる概念から、とくに延長の中の物体の相互作用から、また思惟の別の事柄による産出から理解してはならない」（SP.pp.143 -144）。ここで、課題となるのは、やはり因果関係の克服で、端的に、（デカルトのエリザベートへの返答の議論では）、「魂は meum corpus に働きかけ、それから影響を受けるが、作用している因果関係（もしこの用語がまだふさわしいとしたら）という類型は考えられていない」（SP.p.144）と指摘する。

マリオンを観念論者と呼ぶことは論外で、このような誤解は、自然的態度の囚われの産物に他ならない。もとより、因果関係は、原因から結果にわたる関係であるなら、少なくとも原因という原初が、関係自身に先立って仮定されている。魂と身体との合一は、まさに**原初の事実**で、それに先立つ原初に分解不可能であるがゆえに原初的で、思惟の働き自身により経験されるがゆえに事実である。ここで付言するなら、原初の事実は、ビランがデカルトを批判することで明らかにしたと考えられ、マリオンは、これを受けて、デカルト読み直しの一つ視点として使用しつつ、反対に、デカルト自身にこの発想を発見するに至る。この時、デカルトからビランではなく、後者から前者へという遡行があらためて問題になり、マリオンをビランの亜流とすることも可能であるとはいえ、確かに、心身の合一という課題に、一つの解決の糸口が与えられている。合一は、あらかじめ異質と考えられている二つの部分の結びつきではなく、魂と身体という、合一が働かせる二つの項（二つの関係を構成する不可欠の要素）に先立ち、合一により、はじめてこれらの項は定義されるのであれば、問題は、「何に基づき、延長は思惟と結びつくだけではなく、思惟にその合一という原理を貸し与えるのか」（SP,p.150）と提起されることになる。

ここで忘れてはならないのは、ego が res cogitans として定義される時に、働きは、懐疑、知解、肯定、否定、意志、想像に限られるのではなく、もう一つ**感じる**がある点で、この働きは、思惟作用だけでは不可能で、外部から到来する事柄に対する受動性を仮定する。res cogitans は、一言では、統覚の自発性と知覚の受容性との合一で、後者は身体により成立する。corps（corpus）が、同時に、物体と人間の身体との二つの意味を持つことで、この両者を単純に混同するならば、心身二元論に至る。私の身体は物体とは根本的に異なる、このことが心身の合一の基礎づけとなる。「もし、人間の身体は、その合一という原理により、延長から区別されるのであれば、身体が唯一、res cogitans を、ただ能動的ではなく、同様に受動的に感情を受け入れるようにすることができるという点で、また純粋な思惟から区別される」(SP,pp.150 -151)。それゆえ、心身二元論では最後となる（第一が魂の場合には観念論、身体の場合には実在論と考えられるが、いずれにしても、魂と身体とが第一と第二という形で切り離される）合一は、実際には原初で、このことの気づきは、身体が思惟する延長ではなく、受容性に向けて配置された延長として理解される時にはじめて可能となる。マリオンは、「res cogitans は、その思惟の最終の様式、結局受動的な思惟としての感覚を、ただ meum corpus の中で、chair を持ち始めることで、授与する」(SP,p.152) と述べ、MeditatioⅥを、res cogitans の可能性は、魂と身体との区別ではなく、その合一により一層完全に示されることの明確化と理解する。

デカルトに生じた根本的変化、魂と身体との区別から (Meditationes Ⅰ -Ⅴ)、合一へ (Meditatio Ⅵ)、この解釈にしたがえば、「身体は時には実体（延長し、物質的）、時には meum corpus の作用を与え、受ける chair として拡がる。それゆえ、精神（あるいは魂）は、関係、用途、感情（受け取られ、作用された）により、身体的になることができる」(SP,p.156)。このマリオンの解釈を支えるのは、現象学の手法で、「身体性は、もはや（少なくとも、もはや唯一）その性質（明らかに、延長、形象、運動という最も単純な性質にしたがった物質的な）により、つまり実体的に定義されず、精神の身体への、関与性、準拠、そして志向性により定義され、身体自身は、合一の身体である限り、つまり meum corpus として理解される」。ここでも、デカルトから現象学ではなく、後者から前者へ遡行しているという反論が当然に予想される。しかし、心身の合一から出発することで、corps（corpus）の二つの意味にともなう多義性が回避されるのであれば、デカルト自らが、Meditationes Ⅰ - Ⅴの難点を、MeditatioⅥにより克服したと考えられる。「身体性は、まず（第一にして原初の概念の特権にしたがって）、魂が受動的に思惟することを確かにするため、その可能な《傾向》disposition[19] という手段で、延長は、魂との合一に達するということから出発して理解されることができる（できなければならない）」（SP.p.157）。見方を換えれば、魂は、感じるという働きにより、延長からの影響に向けて配置された、延長に属する一つの割り当てられた要素と関係する。そして、この心身の合一の核となる要素が chair に他ならない。

（e）対象なき思惟

実際には、思惟の受動性とともに語られる感情という観念は多義的にして曖昧で、この観念は、心身の合一から出発してはじめて理解されるにしても、唯一感覚による思惟とは何かという問いは避けることができない。マリオンは、ここで、「思惟と同様に延長が問題となるような、あらゆる対象一般の**構成**は拒否しなければならない。それは、魂が、もはや認識しつつではなく、時には身体が魂を動かし、時には魂が身体を動かすことを体得しつつ思惟するためである（強調は引用者）」（SP,p.164）と述べている。構成が休止され、connaître ではなく éprouver がおこなわれる。純粋な悟性により、思惟の対象を思念すること、あるいは想像力に助けられた悟性により、延長を持つ対象を想像することは、いわば括弧に入れられ、一言では、対象なき思惟が問題となる。

マリオンは、この問題に、生という概念[20]を導きの糸として取り組む。「《生》という用語は、習慣的には曖昧にすぎ、しばしば哲学上の失敗の告白となるが、デカルトのエリザベートへの返答では、少なくとも否定的な意味で、ほとんど概念となっている。なぜなら、この用語は、ここでの《使用》では、自ら以外は何も思惟しない、それゆえ自らを体得しつつ思惟するという、思惟の非‐対象を示している」（SP,p.165）。対象なき思惟では、対象は観念の動機、原因としての役割を限りなく縮小し、あらゆる対象化（対象および私に向かう志向性）は停止する。この時、思惟していないのではなく、思惟の auto-révélation という事態、いわば身体自身による思惟が現れる。必要なのは、やはり現象学的手法で、説明ではなく、記述が求められる。

あらためて、心身の合一に立ち返ると、まさにこの出発点が、対象なき思惟の記述を可能にすると思われる。「合一は、デカルト哲学の中心となる原理との関係では、領域外の手法の痕跡を残すであろう」（SP,p.172）。合一は、一方では、普遍数学による延長の理論化に還元されず、他方で、純粋な思惟の連鎖に取り込まれない限りで、すぐれて現象学的な視点で、合一の分解不可能性 indécomposabilité、還元不可能性 irréductibilité が、対象なき思惟の特性に対応する。マリオンは、ここで、「魂と身体との間には、因果関係、少なくとも知解可能であり続ける因果関係はない」（SP,p.175）という言葉で、因果関係を斥ける立場を再確認する。心身の合一で、課題となるのは、meum corpus の中に因果関係を再び見出し、合一を説明することではなく、事実に基づく経験により、一つの完結した事実を認めることで、この課題は、そのままの形で対象なき思惟に向けられる。

心身の合一、対象なき思惟、この問題をめぐって、マリオン本来の意図、少なくともその一つは、次の言葉で示される。「合一は、今後、経験の事実性として性格づけられ、可能な比較なくして、ただ減少した意識に対して受け入れられるままで、あらゆる第一原理に例外となり、二重化された onto-théo-logie[21] の形象に還元されない」（SP,p.176）。マリオンが、心身の合一、対象なき思惟を出発点とするのは、両者が経験による事実、比類がない、意識による対象化に先立つ、あらかじめ設定された原理に基づく範型化を免れ、形而上学では取り込めない、これらの理由による。マリオンの試みが、デカルトの読み直しを通して、とりわけ存在の学という形而上学の克服に向けられ、その手法は現象学であるなら、この試みは、出エジプト記の形而上学終焉後のキリスト教哲学を、現象学的に基礎づける作業に他ならない。一言では、**存在なき**キリスト教哲学を理解することで、「合一は**事物**を何ら持たない（強調は引用者）」（Ibid.）のであって、「合一を考えることは、**何物**をも思惟しないことを要求するであろう（強調は引用者）」（Ibid.）。先に言及したブノアの指摘（批判）、《神学的目算》は、《哲学的計画 projet philosophique》と何ら齟齬をきたさない。

（f）一つの例外

マリオンは、meum corpus およびそこから派生するいくつかの考えを、デカルトの体系の中ではやはり特別で、また見落とされてきたという意味で、例外と呼んでいるが、「meum corpus という例外は、一連の構成で、形而上学の語彙、とりわけ実体の意味論には還元されないことで現れる」（SP,p.178）と述べる。そして、二つの根拠を示している。[22] ①私 ego（cogito の主語）は、実体 substantia という概念を援用することなく記述され、また基体 substrat（思惟作用の行為主）も実体として定義される必要はない。②実体が決定的に導入されるのは、神、物質的事物、他の身体の現実存在を証明するためで（MeditatioⅢ，MeditatioⅥ）、実体の概念は、自由選択の余地を残している。

したがって、マリオンの基本的立場は、「もはや、魂は身体に偶有的か、あるいは身体は魂に偶有的かを、最後に非‐合一を得ることで問うのではなく、合一がはじめに考察され（それゆえ、真に原初的な概念である合一だけから出発して）合一が精神に、または身体に偶有的かを問う」（SP,p.189）と述べられる。仮に、魂と身体とを、実体と理解するとしても、出発点の合一はけっして実体的には理解されず、また合一と魂、身体との関係は、あくまで実体的結合の外にある。また、魂と身体とは、ともに人間という自ら一つの全体の中に位置しているのであれば、人間には、合一なくして身体および魂はない。両者は人間という身体と、人間という魂である限り、合一によりはじめて機能する。

端的に言って、マリオンの努力は、デカルトの体系から実体という要素をできる限り取り除くことに注がれ、ここでは、形相 forme と形象 figura との識別という、当然に現象学的と呼ぶことのできる手法が使われる。「精神指導の規則 Regulae では、実体的な形相はない。なぜなら、もはや事物に、その実体性を保証することができるような形相はないからである。事物が、知解可能として現れるのは形象により、形象は、範型化と計測をおこなう精神が自由に使用する単純な概念として働き、現象とその常に偶有的な変化にしたがって変わり、けっして存続しない、それゆえ実体ではない」（SP,p.200）。マリオンの立場では、思惟作用は、形象に関わり、延長する事物に変化の受け入れ可能な同一性を確保する、一連の形象化を制御するのであって、この時には、形相は抑制される。形相は、範型や重要な要素、基本的性質により物質的事物を組織化するのであれば、形象は形相を無力にする。「精神は形象を思惟し、したがって実体的形相を取り除く」（SP,p.203）。

マリオンの試みは、以下の点を、結論として明らかにする。(23) ①形象が形相に置き換わることで、後者が事物あるいは対象に実体性を保証するという必要あるいは可能性はなくなる。②人間の魂、厳密には精神は、必ずしも延長を、一定の距離を置く直観の対象として思惟するのではなく、人間の身体の配置を手掛かりに、受動的に思惟する、あるいは感じることができる。③ meum corpus は、延長の一部ではあるが、不可分の合一により、思惟に対して、その受動的機能を果たす。それゆえ、「合一は、確かに、実体という資格を受け取らない。それは、合一が資格に値しないからではなく、反対に、実体が、依然として僅かに、他の二つの原初的概念で成し遂げているように、合一を理解させるには至らないからである」（SP.p.208）。マリオンの姿勢は、明確にして厳格で、合一（到達点と同時に出発点という意味で、学説の核心となる）は、実体のデカルト的概念を揺さぶり、また実体という概念の本来持つ危うさを示すことになる。

ここで、マリオンは、合一に実体が欠けているのではなく、合一が実体を凌駕し、実体という概念が欠損を含むことを指摘しつつ、また「合一は第三の実体ではないが、それでも実体的で、――これが最終のデカルト的定式である」（SP.p.209）と述べている点を見落としてはならない。つまり、合一は実体により説明されず、自らを自らにより説明すると同時に、実体の定義を引き受け、実体と見なされる魂および身体の特性を自ら身にまとうと考えられている。この合一の比類なき特徴は、逆説あるいは逆説的表現により、「合一は、自らを実体的として明らかにするために、新しい実体を必要としない。その上、まさに自らを実体的として明らかにするがゆえに、合一は第三の実体ではない」（SP.p.210）と指摘される。

たとえば、物質的実体は属性 attribut により知られ、その属性を知るのは思惟で、この思惟は思惟実体の属性であり、思惟実体は思惟作用（属性）により知られると想定するなら、実体は不可知のままで、属性が唯一知られるといった形而上学の難問に再び陥ることになる。それに対して、res extensa が substance étendue 、res cogitans が substance pensante と見なされるのは、合一（自らは実体に在らざる）が実体的に機能する限りで、この時、一つの逆説が現れる。延長実体および思惟実体は、実体とは異なる合一の、機能に基づく。したがって、合一が、第三の新しい実体を、すでにある二つの実体に付け加えるのではない以上、この合一は、魂と身体との実際の区別と相反するのではなく、むしろ合一により両者の区別が明確にされる。

（g）ego への帰還

デカルトは、cogito により獲得された ego を実体と解釈した、このような判断の正当性は様々な条件、制約をともなう。この確認は、マリオンの知見を経由して、あらためて ego へ立ち返ることを求める。「ego は、世界を、全体にわたる対象として構成するのではない。世界を、可能な事柄により休みなく開かれる感情として受け取り、世界への開かれは、受動的思惟の中で、ハイデガーのように語るなら、世界内存在となる」(SP.p.214)。実際には、デカルトが嚆矢とされる近代哲学の主体と客体の図式は、思惟実体および延長実体から出発して成立したのではなく、むしろ、主体と客体の図式が、ego あるいは対象を、実体と解釈する発想を引き出したと考えられる。言葉を換えれば、ego は能動的である限りで思惟実体で、対象は受動的である限りで延長実体として現れる。しかし、ego は根源的には受動的で、対象は時として能動的である[24]。

それゆえ、ego へ立ち返る、この作業は、受動的思惟が受け入れて働かせる情念に向かうと考えられるが、情念は、経験の客観（客体）化を凌駕する。情念はあくまで受動的という理由から、出来事あるいは到来する事柄で、事実として課せられる。「今後は、情念は思惟の様式を示し、そこでは、res cogitans は、その固有の思惟という原因を《全般にわたって》働かせることなく、受動的に思惟する」（SP,p.223）。ここでは、魂から身体へ、身体から魂へという因果関係は斥けられ、res cogitans の中で、どのように思惟作用が到来するのか、この点が問われることになる。答えは明らかで、心身の合一、より正確には身体の働きから到来する。ego は、cogito と同時に、身体の働きにより獲得され、より根源的なのは後者である。

マリオンは、あらためて、ego の定義で、身体の役割が軽視されることに警告を発する。「思惟作用が、意志の能動性を頼ることなく、意志は何ら活動なくして、成し遂げる思惟の総体、要するに受動的思惟の全体を承認しなければならない」（SP,p.232）。もし、ego を、cogito として定義するならば、ego の主な要素、受動的思惟は、外部から到来する。この外部から到来する、または事物から受け取られるとも言える要素を、ego が自らに同化する（自ら同化に気づく）のは、身体の働きによる。ego にとり、その現象性への最も近い道のりは、自らを感じる se sentir、自らの情念を経験により知ることで、マリオンは、喜びを例として、「喜びは、魂に、根源的な受動性を保証する。なぜなら、喜びは、自らそして唯一自身で到来し、自己の喜びの自律は、自己の自己による感情の受動性の結果である」（SP,p.239）と述べている。

ところで、ego の能動性と受動性という二つの働きは、図式的に区別されることなく、因果的に機能しない、このことは、ego という事実、その現象性により明らかで、「情念は、私に最も固有な事柄を定義する意志さえも、受動的にする」（SP,p.243）。たとえば、寛大さは、情念が原因となって意志に働きかけ、その結果として生じる態度ではなく、いわば情念と意志とが混然一体となる。情念は、意志に自らを感じる。意志は、情念と同化することで情念を制御し、情念を自らとして知る。「意志は、第一から第二へと度合いを変えることで、完全に自らと同一になり、自らの内に、固有の行動（能動）の情念（受動）、自らの情念、情念という限りの能動を呼び起こす」（SP,p.250）。それゆえ、ego を cogito に限ると、ego は、自らに対して自らにより、情念を引き起こす必要があり、この時には、ego の行動は一種の完全さ（倫理的あるいは充足的という）を求められることになる。

マリオンは、この事態に、次のように言及する。「この自己原因は、倫理に還元され、確かに、遠くから、直接に存在論的（一般形而上学の意味で）に、神の自己原因を模倣するにすぎない。また、何にしても、ego を神から切り離す隔たりをなくすことはできないであろう」（SP,pp.254 -255）。この言葉の余白に注目[25]すると、ego は、cogito である限りあくまで主格で、ego 以外は、世界や他の ego といった区別にかかわらず、すべて客体となり、この主体と客体の図式は、ego に特権的地位を要求する。そして、ego は神の似姿（この場合、神から私ではなく、私から神に向かうという意味で、明らかに転倒した）として現れるが、神の完全性を自ら実現することは明らかに不可能で、自らを神に近づけた力を反対の方向に働かせて、神を自らに近づけ、理神論を導く。神の存在論的証明（完全性による証明）は、主格としての ego の、神に比して不完全という自覚の反動とも考えられる。

明らかに、ego は、神に近づく、あるいは神が近づくと思い込むのと同じ程度に、神から遠ざかる。ここで問われるのは、egoを受動性に位置づけ、倫理を、「完全な能動性という情念」(SP,p.263)、つまり自由意志の善用という情念から理解することで、「倫理は、思惟作用の受動性を取り除くことではなく、そこに能動性、徳という能動性さえ統合することにある」(Ibid.)。確かに、受動性は、精神が外在性に対して曝されていることで、否応なく課せられる事実と思われる。しかし、たとえば感覚は、匿名でも、抽象的でもなく、私の心身の合一によりもたらされ、egoは、感じることで思惟する。それゆえ、egoは三つの原理を持つことになる。(26) ①悟性および想像力にしたがって思惟する方法的認識の原理、②懐疑、悟性、意志にしたがって思惟する自己の形而上学的認識の原理、③感覚にしたがう、しかし意志に対応し、情念としての思惟作用に至る受動的思惟の原理。

マリオンは、デカルトの体系の完成を、能動性と受動性の並置から統合へ、この点に見出すのであるが、egoへの立ち返りは、またegoからの出発と思われる。ところで、キリスト教哲学は、単純に主格と理解されたegoを斥ける。出エジプト記の形而上学の終焉を受けて、求められるのは、主格としてのegoなきキリスト教哲学で、(27) ここでdonation(Gegebenheit)(28)という課題へと進む。

Ⅲ　donation

(a) 予備的考察

クロード・ロマノは、デカルトと現象学との関係という問題の提起にあたって、「フッサール現象学は、それ自身、デカルトが未完のままにした計画を、純粋なegoとその思惟作用の超越論的概念性という仕方で記述することで完成させる、新デカルト主義、《二十世紀のデカルト主義》として示される」[29]と述べる。ロマノが、デカルト主義という時、その核心は、「懐疑主義をその固有の議論の仕方で逆転させる」(Ibid.)ことで、アウグスティヌスからcogitoを受け継ぎつつも、その明証性を、懐疑は方法的であることで、必然的に自らを否定するに至るという議論により明らかにした点にある。それゆえ、フッサールに向けられるデカルト主義という言葉は、懐疑主義が超越論的哲学の問題構成に一つの役割を持つことを示唆する。

実際には、キリスト教哲学で問われるのは、フッサール後の現象学に他ならない。デカルトの方法的(明らかに誇張的)懐疑は、一つの懐疑的学説にして、肯定や否定に関わる純粋な懐疑的態度とは異なるとしても、あるいはそれがゆえに、この懐疑が現象学の中で果たす役割の解明は、《フッサール後》を画する上でやはり不可欠と思われる。ロマノは、「『論理学研究』の現象学は、《記述的心理学》と理解され、外部にある限りの世界の常に疑わしい現実存在が対立するような、疑うことのできない明証の中での、体験、したがって現象の純粋な記述であろうとする」(PC,p.31)と指摘する。体験の純粋な本質に基礎を置く現象学の基準にしたがえば、十全な仕方で与えられる事柄は内的、不十全な仕方で与えられる事柄は外的という区別が成立し、現象学的還元は、内在的所与への帰還と超越に属する事柄、つまり疑いの可能性を残している事柄の取り除きを意味する。

フッサールが、一九〇六‐一九〇七年を境にして、超越論的立場を明確にしたことを受けて、ロマノは、二つの問題がこの変化を動機づけているとして、「ここまで一部は解決されないままであった明証という問題。そして、アプリオリと同様に経験的な異なる諸科学を、あらゆる先入観を免れ、科学という建物全体に、絶対の正当性をもたらすことのできる、つまり普遍的であれ、すべての懐疑の外にある真理の中で、必然的に基礎づけるという問題」（PC,p.34）を指摘する。いわゆる現象学的判断停止は、経験的科学の常に暫定的な結果が、どのようにして疑いを免れ、揺るぎない基礎を獲得できるかという難題の一つの解決で、ここで注意が必要なのは、このエポケーは、ego にも及ぶという点で、諸科学に基礎を獲得させることのできる ego cogito の ego は、もはや経験的にして世界に帰属するような ego ではない。「超越論的にして現象学的なエポケーは、新たな種類の心理学とその最も固有の対象、超越論的 ego への接近に道を開く魔法の杖であろう」（PC,p.35）。ここで、現象学的還元は、十全な明証への帰還に加え、自然的態度の克服という役割を持つことになる。

また、ロマノは次のように述べる。「懐疑というデカルトの歩みは不十分である。なぜなら、意識の内在性と世界の外在性との間の対立は、志向性の現象、つまりあらゆる意識は何らかの事物の意識で、外在性に開かれ、それゆえ純粋な意識の中の、純粋な意識による世界の超越論的構成という現象に応じることができない」（PC,p.36）。デカルトの懐疑がもたらすのは、意識の第一志向、何らかの事物についての意識の明証ではなく、意識が意識へと向かう第二志向の明証に限られる。フッサールの《事象》へと向かう立場では、少なくとも課題の半分は残されたままとなる。この残された課題の解決への道が《超越論的》で、ego はもはや世界の一部分という心理学的な ego ではなく、すべての超越を構成する。

したがって、現象学的還元は、内在性と外在性の区画よりも、むしろこのような概念自体を問題とし、「超越論的還元が明らかにするのは、意識と実在とのほぼ化学的な分離ではなく、両者の構造的統一、後者の前者の中への非実在的（志向的）内包、すなわち多少とも両者の原理的差異を保ち、世界の超越を、この内包自身の内に、内包自身により保存することのできる内包である」（PC,p.37）。この引用文で示される、実在の意識の中への内包は、見方を変えれば、内在の概念の志向性による拡大で、この表現が、ノエシスとノエマとの相関関係と思われるが、意識の対象の超越性は常に保持されていることから、現象という用語は、現れと現れる事柄という多義性を持つことになる。そして、《現象》はすでに実在的に内在する所与の総体という意味を失う。

超越論的 ego は、一方で世界に対して構成する意識という役割を演じ、他方で世界は非実在的に意識に与えられる。それゆえ、フッサール的懐疑は、意識の権限を拡大させるのに応じて、意識に与えられる明証の程度を制限する。デカルトからフッサールへの ego の変容は、懐疑の徹底化とも考えられ、この点は、「デカルトの誤りは、懐疑学派に位置したことではなく、反対に、この立場を十分におこなわない、懐疑をego自身とその思惟作用にまで至らせなかったことで、このような懐疑は、デカルトを、懐疑的エポケーの下に打ち倒れる世界的なegoと、懐疑的épochèを免れる超越論的egoとの差異化に導いたであろう」(PC,p.40)と指摘される。懐疑の徹底は、けれども、超越的対象はただ限られた明証の内に現れることを明らかにし、この問題への対応が、射映Abschattung、あるいは知覚の多様な現れの総合的な統一[30]という特徴への注目であると思われる。

ここで、ロマノは、「知覚は全体論的構成を持っている。このことは、何らかの事物は、間隙なしに、知覚という全体に統合される限りで、つまり全体的知覚との凝集を現す限りで知覚となりうるという意味である」(PC,p.45)と述べている。当然、フッサール的懐疑がもう一歩先へと進む時には、超越論的egoの**主格**という性格が問われることになる。「世界は、**私の知覚が自己確証する**ma perception se confirme限り、知覚されたとは見なされない。世界すなわち構造的凝集を備えた全体の知覚しかない。凝集とその不変の構造的適切さは、知覚を語りうるために、そこになければならない事柄である（強調は引用者）」(PC,p.46)。デカルトのegoが自己思惟、自己原因を含意しているとするなら、超越論的egoは自己確証を含意する。この《自己確証》という表現は、おそらくロマノが予期する以上に深い意味を持つ。

現象は、実在的と非実在的（志向的）とを問わず、内在の権限に属するのではない。「現象は、実在の前兆という記号ではなく、実在の意識の中での獲得による現前でもない。それは、実在自身が現れることの様式である」（PC,p.47）。現象は主観的ではなく、あくまで関係であり、世界の私に対する現前の様式に他ならない。それゆえ、egoを哲学の出発点とする必然性は見出されず、むしろegoにより思惟される事柄から出発することの可能性が明らかになる。フッサール後を画するのは、この視点の転換と思われる。

（b）遡及的

問題はdonationであるが、たとえば、二十世紀の初頭に英語圏で議論されたsense dataや、ベルグソンの意識の直接与件donnée immédiate[31]が取り上げられるのではない。問われるのは、現象の現れの様式で、このことは、あらゆる現れる事柄は、仮に与えられる事柄のすべてが余すところなく現れるとは限らないとしても、まず与えられなければならないという、現象学の原理に基づく。そして、donationへの問いは、現象性の様式、現象の《どのように》を知ることに向けられるが、この時には、形而上学的背景（因果関係）や経済的あるいは技術的な生産といった発想は斥けられる。

マリオンは、「『現象学の理念』、一九〇七年、はじめてにして決定的に還元という操作が重要となる文献の中で、フッサールは、還元をdonationの理由として働かせる[32]」と指摘する。確認するべきは、donationは還元の直接の結果であるという点で、ここでフッサールが引用される。「Erst durch eine Reduktion, die wir auch schon phänomenologische Reduktion nennen wollen, gewinne ich eine absolute Gegebenheit, die nichts von Tranzscendenz mehr bietet（ただ、すでに現象学的還元と名づけようと思う還元を通じて、私は、もはや何ら超越に負うことのない絶対的donationを獲得する）」[33]。donationと還元との不可分の結合、ここにマリオンが要の石を置くのは明らかで、なぜなら「フッサールにとり、第一に、与えられるは、常に認識に与えられることを意味する」（RO,p.111）からである。所与donnéは、**私**に対して現象するのであり、この時働くのは、意識の体験と志向的対象との間のノエシス・ノエマの相関関係に他ならない。

donationは認識の中にある、このことの確認は、donationに多様な項目を列挙することで示される[34]。（a）思惟作用のdonation、（b）想起の中に存続する思惟作用のdonation、（c）現象の流れの中の現れの統一のdonation、（d）donation自身の変化、（e）外的知覚の中の事物のdonation、（f）想像力と想起による多様な認知作用のdonation、（g）不変や述語といった論理的なdonation、（h）無意味、矛盾、無などのdonation。この列挙で、注意を惹くのは、やはり（h）で、「実際、donationは、フッサールにとり、まさに還元があまねくその権利を行使する限りで普遍的になる」（RO,p.112）という指摘を受けた上で、なお検討が必要と思われる。

あくまで認識論的というフッサールの立場と、還元がある限りでdonationがあるという、donationの原理（マリオンが、フッサールに見出し、自らに引き受けた）を再確認するならば、たとえば、矛盾するあるいは何ら意味を持たない事柄は、少なくとも、考えられないか不合理として拒絶されるためにも、思惟される対象であると言える。思惟可能性の条件をdonationに置く時には、「対象は、es gibt（が在る）の様式に基づくと言ってはならない。なぜなら、Gegebenheit は対象が存在することを免除する」（RO,p.113）。マリオンの注意は、純粋な対象は存在と非存在との彼方に位置するという点に向けられ、この außerseiend に深い意味を読み取る。「形而上学より一層包括的な一つの学が引き出される。形而上学は、不可能なことを排除しつつ、在るまたは在りうる（可能なこと）の領域に固執する」（Ibid.）。形而上学（正確には、存在論）が、実在性 Wirklichkeit である限りの所与を扱うのに対して、認識の理論はすべての所与を取り上げる。一言では、Gegebenheit は、存在論が理解するような Sein より包括的で、力量に富む。

フッサール初期に立ち返ることで、「Wisenschaftlehere から、donation は、Erkenntnistheorie と Gegenstandstheorie を経て、現象学と最終的に Seinsfrage に移行した」[35]。この一つの歴史を理解した上で、donation への問いは、「結局、donation という問題は、自ら自身の権限に属することができるのか」（Ibid.）、「他の到達の間で、最後に神学の問題に達するのか」（Ibid.）、この二つの課題へと進んでいく。

（c）問題の所在

マリオンは、donation の現象学に対する批判を、次のように要約する。「所与は概念によっては理解されることができない。なぜなら、所与は、直接と思われる、またあらゆる概念化に先立つ事柄のままで、あるいは概念化可能となると、すぐに識別となる直接性と優先権を失うからである」[36]。所与は、現象性の不可欠の要素にして、対象を可能にするとしても、対象の内に汲み尽くされず、批判は、対象や存在者に先行するという、この所与の抽象的、不可視、空虚な性格に向けられる。この問題では、マリオンは、「もし、フッサールの革新にしたがって、還元は、自然的態度に属する対象と存在者とを、存在と非存在という二分法を事前に差し引くことで、一層接近可能で可視的な現象に変えるのであれば、所与は一気に還元との不可分の関係を保っていることが理解される」（RD,p.14）と述べる。《Autant de réduction, autant de donation》、この原理をあくまで維持しなければならない。

　しかし、ここで一つの難題が生じる。還元という言葉は、フッサール自身、現象学的、形相的、超越論的という区別を設け、他方では、存在論的（ハイデガー）、倫理的（レヴィナス）、愛による（マリオン）還元[37]が主張されるなど、多義的である。そして、サルトルが、「現象学的還元の後には、私たちは、反省的記述に露わにされる超越論的意識の現前の内にある」[38]と述べているように、還元は ego に超越論的主観性をもたらすと理解される。マリオンは、この難題に対して、すべての現象性を、超越論的 ego へと向かわせる還元と世界の出来事性に導くエポケーを区別するという「非 - 主観的現象学 phénoménologie-a-subjective（ポトチュカ）」（RD,p.15）の知見を援用しつつ、「唯一のエポケーが働かせる異なる還元」（Ibid.）という考えを示す。つまり、エポケーにより自然的態度が変更され、この時に還元（マリオンの意図する）により現れは所与に帰還する。あくまで、所与は何らかの事物（対象や存在者）ではなく、現れの可能性を与える。

もう一つの問題は、与えられる事柄は必ずしも現れないという、se donner と se montrer との間の隔たりで、この隔たりは、無効にすること、忘れることはできず、ただそれを徘徊するに限られる。「解釈学は、一つの現象を見て、記述するそれぞれの試みで、現れる事柄と与えられる事柄との間の隔たりの再把握、未見な事柄の徘徊として定義される」（RD,p.16）。そして、この再把握は、世界に固有の現象を理解しようとする試みで、「世界は、諸現象を与えつつ惜しみなく分かち、このようにして与えられし人に与える」（Ibid.）。与えられる事柄は必ずしも現れないのは、現象は出来事に他ならないからで、現象の到来には、常に予見不可能、再現不可能、別の仕方の再開という性格がともなっている。

（d）還元の進展

あらためて確認するまでもなく、マリオンは、donation を還元の範囲に限って、この意味で donation réduite を語るのであって、この時（la donation phénoménale）には、事物は問われることはない。もとより、世界のどのような事物も完全にではなく、ただ素描の形で与えられるのであって、還元は、所与の範囲を狭めるのではなく、世界の経験を現象の現れに変換する。還元は donation の可能性の条件で、この意味では超越論的機能を果たす。この点を踏まえて、マリオンは一つの定式を提示する。「還元は、現象が、即自的に現れる機会を与え、それに対して、その還元されない現れは、現象を、定義により、即自的事物から排除する。還元は、現象に、事物が即自的に現れる限りで現れる機会を与える」（RD, p.31）。

この定式は二つの論点を含んでいる。（a）「還元が現象に与える所与は、もはや、フッサールでのように、直観の根本的な欠乏によっては性格づけられない」（Ibid.）。つまり、志向性により充実される必要はなく、むしろ対象という類型を逸脱する現象の現れ、マリオンの用語では、les phénomènes saturés がもたらされる。（b）「現象性は、世界の諸対象の有限性に限られない」（Ibid.）。現れは存在により測られることなく、存在者に専念するのではない。「還元は、現象を donation に送り返すのであるが、現れに与えられない事柄を、存在者、あるいは対象さえもの現れの下で、常に具体化する必要なくして吸収している」（RD, p.32）。それゆえ、還元により明らかにされる事態、主体と客体の図式では覆い尽くせない現象にどのように対処するか。この点が問われることになる。

マリオンは次のように述べている。「応答が呼びかけから生じるのは、現象的に、ただ応答は呼びかけに先立つからで、実際、呼びかけの後にくるどころか、応答は呼びかけと同時、さらには先に現れる」（RD, p.35）。この逆説は、応答と呼びかけが、単純な時間的前後関係、あるいは志向的関係ではなく、呼びかけの受け取り人は、呼びかけと同時に生まれ、自らに目覚め、呼びかけは応答により再構成されることを示す。また、「呼びかけは、ただ応答の中で完成し、応答がなければ、虚ろの中に響く」（RD, p.37）。両者の関係が、主体と客体の図式を特徴づける論理的、時間的隔たり、志向的距離による遅れを無効にすることは明らかで、還元は ego に超越論的主観性をもたらすのではなく、ego を応答と呼びかけの内に置く。(39)

ところで、フッサール後の現象学の成果の一つは、何であれ私（ego、主体など）が超越論的立場を主張することへの徹底的な反論で、超越論的私なき現象学の推進と考えられる。それゆえ、少なくとも本質的には、還元は超越論的であると仮定するなら、超越論的私を欠く時、還元もまた不要という考えが生じる。ここで、自然的態度の変更により、世界全体が現象として現れる場合、ノエシスとノエマとの相関関係は、構成された対象と構成する行為という領域として区画された関係には限られないことを確認する必要がある。一言では、現象学的還元自身に残存する主体と客体の図式を還元する、このような現象学が求められることになる。

ここで、マリオンは、「還元は、まさしく、一方的で不平等な関係の中ではなく、常にその項、誰と何、の相互関係の中で遂行される」(RD, p.44)と指摘する。この還元を一方的(主体から客体への)関係ではなく、相互の関係と理解する立場は、私の主格から与格への転換によりはじめて可能となる。言葉を換えれば、還元は同時に主体と客体とに及び、両者は還元する側、される側として、ともに還元の範囲内に置かれる。私という与格（与えられし人）は、対象を構成し、総合するのではなく、対象を与格という資格で受け取り、対象は所与という様式にしたがって受け取られる。私は「現象化の操作者、donation の執行者」（Ibid.）へと変化する。

しかし、私は操作者、執行者という意味で、還元にはやはり超越論的という陰影がともなうと思われる。この時、立ち返るべきは、「確かに、ノエマの構成がある。しかし、この構成が言おうとするのは、客体化以上、そして客体化とは異なる、現れる事柄への意味賦与である」（RD,p.45）と言及される、現象学の基本となる了解、Sinngebung に他ならない。私 - 極は、対象を構成する極ではなく、私に現れる事柄の極、つまり意味賦与者で、またこの働きには必ず反作用が生じる。もとより、意味賦与を可能にするのは所与で、donation の場では、le donné と l'adonné との間には必ず相互性があり、それゆえ、還元は多様性、むしろ多元性を持ち、エポケーが還元にその原則（自然的態度の変更）を保証する。「還元の多数性を認めなければならない。まさになぜなら、還元は唯一のエポケーを働かせるからである」（RD,p.54）。還元は、donation を明るみに出すためにおこなわれ続ける、判断停止、括弧づけの一つの道のりに他ならない。

（e）解釈学の視点

すでに明らかなように、donation を特徴づけるのは、問いかけの姿勢で、即座に与えられる解答、直観による《donner》とは明確に異なっている。これに関連して、マリオンは、「一般的な理解とは反対に、donation を事実上の権限としてではなく、権利上の権限として理解しなければならない」（RD,p.63）と述べている。つまり、所与という事実が、この所与が現象するという十全な資格を持つことを保証し、現れる事柄すべては、与えられるがゆえに現れるのであるから、donation という事実は権利に値する。直観的な事実の明証は、根源的と見なされるにしても、その規範、十全な権利を持って現れることの正当性を

donation に見出す。したがって、「還元が多様な仕方で働かせる donation の規範は、その感性的直観との同一化を拒絶するのに十分である」(RD,p.65)。

そして、直観と donation との識別、あるいは donation の権利上の権限、この点の理解には、対象の地平を去る必要があり、所与は対象という存在様式と対立してはじめて把握される。対象性の出現は所与の消滅で、「所与は、その対象性への還元不可能性の中でだけ考えられる」(RD,p.73)。ここで、直観と異なり、対象性に還元不可能な、所与の直接性が問われることになる。この問いは、①現れる事柄すべては与えられる、②与えられる事柄すべてが現れるとは限らない、この二つの事実の検討を導く。一言では、所与の事実性はその直接性とは一致せず、「所与は、その完全な事実性の内に与えられるのにもかかわらず、むしろ無条件で根源的事実として与えられるがゆえに、直接には、特に、sense data の直接性の中では、与えられないということが、まさに所与に特有である」(RD,p.74)。現象が、唯一、依然として、体験の管轄にある限り、現象が与えられている、この確定は差し控えるべきである。

一方で、直接性は意味作用にあり、意味作用はあらゆる体験を媒介し、この作用なくしては、体験は理解されない。他方で、所与はあくまで権利上意味作用を可能にし、還元がこの点を明らかにする。たとえば、絵画に描かれた少女の髪飾りは、見る角度あるいは光線の加減により色が多様に変化するとしても、この小さな物体が少女の愛らしさを一層引き立たせている髪飾りであることは直接に体験される。donation を問うという作業は、一つの謎解きで、謎は、donation が、主観的印象という意味での sense data の直接性、認識の対象として構成されるという媒介性、この両者の外部に位置していることを示す。所与の決定（定義）は非決定、つまりsense dataと対象との二分法は斥けられ、「sense dataは直接に与えられ、次に媒介的に意味作用が可能となるのではなく、意味作用が一挙に出現し、続いてsense dataが媒介的に可能となる」（RD, pp.78-79）。主観的印象、例として青という色彩は、純粋な青として知覚されることはなく、ある時には、秋の訪れを知らせる澄み切った空の青、ある時には、フラ・アンジェリコの描いた青というように、必ず意味をともなう。一言では、現れは意味作用とともにあり、意味作用はSinngebungと考えられる。

解釈学とdonationとの関係は、le donnéとl' adonnéとの相互性に基づき、やはりegoは与格であって、解釈学が見出す（再び見出す）意味はegoからではなく、解釈を待つ事物自身から到来する。「解釈者は（音楽の意味でのように）、所与自身の中で含意的に対処可能で、示唆される事柄が、ただ自ら展開するに任せるべきである」（RD,p.81）。しかし実際には、解釈学の要点とともに難点となるのは、この《自らの内で、自らにより現れる現象》の受け取りで、「所与を、egoによる対象の内に構成するのではなく、発明より発見され、egoという代理が仲介する認識より承認される、その固有の意味を、現象に帰するがままにすることが問題である」（Ibid.）としても、このようなegoの役割の確保はいかにして行われるのか。

ここであらためて、エポケーあるいは還元が不可欠となり、《Autant de réduction, autant de donation》が再確認される。「現象は、解釈者が所与に、この所与自身の意味を承認する範囲で現れ、そして消えていく。正しい解釈学という明証は、解釈の権威は、解釈者から解釈された事柄へと揺れ動くに至るべきであることの内にある」（RD,p.82）。直観とdonationとは明確に区別され、前者は主体と客体の図式、後者は呼びかけと応答の関係に対応し、特に後者は問いかけられ、この問いは果てしない。「問い（所与の意味を求める）は、所与が現れるようにする意味を、ただ返答として受け取り、返答は、最終的には、解釈者ではなく、解釈された事柄、テクストに由来する」（RD,p.83）。解釈学は、呼びかけと応答の関係に基づき、この関係は、《与えられる事柄すべてが現れるとは限らない》という所与と現象との隔たり、いわば本質的構造の反映で、この意味で解釈学は常に一つの解釈に過ぎず、まさに決定（定義）は非決定に他ならない。

　マリオンは、「所与は、その反映、その反射する回帰、要するに、与えられし人の応答の中にだけ現れ、与えられし人は、所与を、ただこの所与を自ら受け取る（この所与により受け取られる）限りで見て取る」（RD,p.88）と述べている。視点を所与から与えられし人に転ずるなら、現象性を性格づける隔たり（与えられる事柄すべてが現れるとは限らない）は、与えられし人の有限性に由来し、解釈学は、この隔たりを、呼びかけを解釈する応答により支配下に置こうとする努力と考えられる。それゆえ、「貧しい現象から飽和した（飽和する）現象への移行は、純粋にして単純な所与にではなく、与えられし人が所与を受け取り、体験し、表現する、要するに、それを解釈することのできる仕方に基づく」（RD, pp.94-95）と指摘されるように、現象の性格はそれを受け取る側の立場との相関で明らかとなる。現象の貧しさは、経験により包み込んで余りあること、現象の豊穣さは、経験に反して露わになり、この時対象化や例証のための困難が生じることと理解される。

（f）非決定な世界

現象を貧しいと飽和した（飽和する）、この二つの性格により区別する時、問題となるのはやはり後者で、世界は飽和した（飽和する）現象により満たされていることにあらためて気づかされる。そして、「もし、世界の現象性は逃れ去るのであれば、それは、世界が現れないからではなく、反対に、終わりも可能な全体化もなく、現れることを止めないからである」（RD,p.102）。おそらく、このような世界に対する眩暈の中で取る態度の一つが、思惟するegoは、世界（egoにより思惟される）には呑み込まれず、むしろ世界を構成すると考える立場で、世界は表象される限りの対象に還元される。この態度が自然的（素朴）である所以は、世界の存続subsistance（Vorhandenheit）から出発しているからで、そもそも世界は存続や固執ではなく、移り行きを特徴としている。

マリオンは次のように述べている。「現れ、それゆえ現れを得させるdonationは、ただ時間的流れにしたがって、決して事物の唯一の空間の中ではなく、時間意識の流れにより時間化された空間の中に生じることができる」（RD,p.113）。世界は、単純に理解された事物の空間ではなく、時間化された空間の中で出現するのであれば、どのような現れも、現在時に十全に現れるのではなく、時間の流れにより差異化される現前の中で到来する。世界の事物は時間、あるいは空間の時間化の中で現れ、時間の到来の中で到来しつつ現れる。当然、世界は一つの全体として現れるのではない。世界と全体とを同等とする発想に形而上学の特徴を見出すことも可能であるが、「空間と時間の中に限られ、定義すべき《全体》に属している私たちにとり、全体化は論理的帰結として到達できない」（RD,p.127）。常に世界の一部であるなら、世界を全体として包み込むことはない。

したがって、一方では、エポケーは、飽和した（飽和する）現象を前にして、ego を世界の事物の現象化の超越論的条件とする態度の、この場合変更ではなく、内実を明らかにするとともに、他方では、世界を素朴に定立する（全体あるいは存続として）態度を変更して、世界の非決定性を露わにする。確かに、たとえばサルトルが考えたように、還元は超越論的主観性を ego にもたらす。しかし、より重要なのは、エポケーによる世界の非決定性の開示で、なぜなら、世界を完結した対象の全体と考えることではじめて（あるいは相即して）超越論的主観性という条件が発生するのであって、その逆ではないからである。実際には、エポケーの徹底は、ego を超越論的主観性から解き放つに至る。マリオンは、現象学を振り返って、「ego の確実性と世界の現実存在の疑いに対して、権利上、《世界、誤りのないノエマ》を対立させなければならない」（RD,p.130）と述べつつ、前方を見据えて、「エポケーは、今後は還元なしに、もはや世界を超越論的 ego に還元するのではなく、現象をその現れの誤りのない条件 - この世界自身に送り届けるのである」（Ibid.）と明言する。

世界を特徴づけるのは、現実性よりむしろ可能性で、可能性である限り誤りなく、ここには客観的現実性を定立する（たとえば、世界はあらゆる実在の総体である）際に誤るという、過誤の可能性が含まれる。それゆえ、世界が可能性であるのは、あらゆる可能な現象に可能性をもたらすからで、当然にして、個々の現象の可能性とともにその不可能性を条件づける。エポケーの深化は、現象の出来事性へと通じ、唯一出来事性が世界性を形作る。世界は空間から時間へと移行し、「世界は時間を作り、場 lieu を持つことなく、場を与える」（RD,p.133）。一言では、世界を対象の全体性として定義することは斥けられる。

ここで、donation の視点に立ち返ると、世界は、可能性にしたがって、与えられる事柄を惜しみなく分かち続けていると考えられるが、やはり与えられる事柄すべてが現れるとは限らない。まったく現れない、部分的に現れる、後に現れる、など、現れ（あるいは現れない）にはさまざまな仕方がある。しかし、この現れの多様性は、世界自身の分かち方、分与の様式にではなく、受容する側に求められるべきで、たとえば、飽和した（飽和する）現象に対して、受容は、はじめに能動的な抵抗として、次に現象性の画面に現れるように形を与える試みとなる。「世界による所与の分与は、与えられし人がそれを現すための遅延を含んでいる」（RD,p.145）。それゆえ、世界が出来する可能性は、先駆、到来、出来事、一言では非決定あるいは未決定として理解される。

（g）有限性

飽和した（飽和する）現象を前にして、egoを世界の事物の現象化の超越論的条件とする、この態度は、表裏一体のもう一つの態度、経験の有限性、翻って人間の有限性の自覚を要求する。有限性は、少なくとも否定的に、あらゆる経験を前もって条件づけ、アプリオリに経験の対象を指定する（経験の対象となることのない事柄を予見する）、この意味で超越論的で、経験あるいは対象一般の可能性を基礎づける。この時、経験は、事物よりむしろ対象に関係し、経験により与えられる確実性は、人間の精神に対する確実性で、「対象は、その現実存在の（またその本質の）真理に基づくのではなく、人間にとっての明証性を生じさせるために、人間による秩序づけに基づいて規制される」（RD,p.162）。有限性は、一方で、超越論的私が自然の支配者、所有者であることの認証、他方で、事物の対象への疎外に他ならない。

したがって、対象が事物に取って代わるのは、欠損によるので、このことは、事物は即自や物自体として、超越論的私に抵抗することで示される。「対象と事物、疎外された事柄と即自との間の区別は、認識が、事物の存在に、存在の秩序とは別の秩序を課する時に始まる」（RD,p.163）。しかし、明らかに、認識は対象の認識に限られないで、たとえば私のchairは、私を取り巻く世界の事物だけではなく、私自身が感じている状態を感じさせる。この私が、私自身を感じることは、auto-affectionである限り、私のsoiへの、対象あるいは概念なき接近で、私のchairは、対象性に抵抗しつつ、即自的な私je en soiに道を開く。

マリオンは、《形而上学の終焉》を、「その企ての失敗‐対象化、存在者の同じだけの対象への翻訳‐ではなく、その技術のあまりに完全な成功が、反動として、事物自身の対象化への抵抗を引き起こしたこと」（RD,p.171）に見出し、《事物自身への帰還》は、「対象の中の疎外に対する事物の自ら soi の抵抗を指示しようとする以外にはありえないであろう」（Ibid.）と指摘する。対象化の地平では、対象化されない現象の不可能性だけではなく、本体 nouméne が対象性を基準として（認識不可能な対象）理解され、最も基本となる問い、「すべての現象は、必然的に、対象の内に構成されるべきであろうか」（RD,p.174）が忘れられる。しかし、対象という概念に帰せられる権威を再検討するなら、あらゆる対象を現象と本体とに分かつ発想自身が揺らぎ、問いは、「すべての現象は、現れるために、対象となるべきであろうか」（RD,p.175）に変わる。課題となるのは、現象と本体との間ではなく、対象と非対象との間の区別で、ここで、「理性を、対象化の限界の彼方に、伸ばすと解き放つという二つの意味で、拡大しなければならない」（Ibid.）と指摘される。

経験は、実際には、一般に信じられている以上に不確かにして限られていることは、例として、Dasein は本来時間的で、時間は、仮に幾何学的空間に投影したとしても、不可逆な一方方向の変化であることを考えれば明らかであろう。事物の対象への翻訳（マリオンは、アリストテレスの《場所的変化の質料》を念頭において、この作業を、非物質化と呼んでいる）を支える経験は、同時にその時間性により、この翻訳自身を制限する。そして、現れる事柄は、自らを起点として現れ、ego の構成により疎外されることなく、

「ひとつの現象が自らの内に（自らとして、即自的に）現れるのは、現象が自らから出発して（一つの出来事として）、見える事柄に到来する限りである」（RD,p.180）。出来事は、自ら生じる、特定できる原因がなく、予見不可能、これらにより特徴づけられるとするなら、認識あるいは経験は、出来事を後から追って、疎外と欠損とをともないつつ、時系列で対象化を遂行する作業と考えられる。それゆえ、認識がひとつの眼差し、一つの行為で完結することはありえず、常に反復、錯誤、修正を必要とし、この意味で、ノエマは素描の域を出ることがない。

結論として、出来事を理解する、より正確には、受容するためには、《avoir》（《il y a》）や《be》（《there is》）という言表は不適切で、やはり《donner》を起点とする必要があり、認識は、与えられる事柄に視線を注ぐことから始まる。「現象は、与えられる限りで、自らを出来事にする」（RD,p.183）。現象は、自ら到来し、つまりはじめに与えられ、その後に、私に対して対象化され、Dasein に直面する存在者となる。出来事は Ii se donne、この視点の獲得により、また、《与えられる事柄すべてが現れるとは限らない》という一つの謎が解かれると思われる。出来事は、自ら生じ、特定できる原因がなく、予見不可能であるなら、その現れは、あくまで私が結果として受け取り、遡及的に（たとえば、結果から原因を推定する）理解される。遡及は必然的に完結することなく、この意味で、出来事あるいは現象の donation は、自らに余剰を含んでいる。

（h）根本問題

マリオンの donation の現象学が、キリスト教哲学の基礎づけとして比類なき役割を演じることは、仮に批判的立場に位置するとしても、否定し難いと思われる。しかし、ここで根本的な問題を提起しなければならない。一言では、donation の時間性である。存在を最も根源において規定しているのは時間性、この点はあらためて指摘するまでもなく、たとえば私は死へと向かう存在で、私の有限性は、とりわけ死による時間的な有限性であろう。マリオン自身、「世界の事物は、時間（あるいは空間の時間化）の中に現れる。事物は、ただ時間の到来の中で到来しつつ現れる」（RD.p.113）と述べている。それゆえ、donation もまた、唯一時間の流れの中で可能となる。

ここで、マリオンの原文、L'apparition, donc, aussi la donation qui la procure, ne peut se produire que **selon le flux temporal**（強調は引用者）を検討すると、確かに、donation は時間性との不可分の関係で言及されているが、donation 自らの時間性は考慮されていないことに気づかされる。そして、donation は、現れの時間性を規定するとしても、この原理自身は時間の外にあると仮定するなら、明らかに形而上学的原理に他ならない。なにゆえに、《donation の作用ではなく、本質としての時間性》が論じられないのであろう。この問いかけは、《donation の時間性とは何か》を求めることになる。

ところで、マリオンの還元は、《Autant de réduction, autant de donation》を導くのであるが、それ以上には踏み込まない。つまり、donation の don は、所有権の移転をともなう、固有の意味での贈与という、検証を経ない想定にとどまり、この don は dépôt、期限つきの貸与という意味での預託という可能性に思い至らない。もとより、事物の時間性とは、変化しやがては消滅する、私あるいは Dasein の時間性とは、死により生きたという事実以外の世界内のすべてを失うことであるなら、don は実際には dépôt であって、預託の本質は、まさに時間性（**期限つき**）にあると考えることができる。

時間は流れによって示される、この明らかな特徴に、もう一つの特徴、その不連続の連続、不連続と連続との相即が加わる。この視点からすると、贈与と理解された don と時間との関連は説明不可能と思われる。例として、ある人に贈与された家屋が、その人の死後、別の人に贈与される場合、贈与という行為と贈与物は基本的には変化しない（家屋の老朽化や評価額の変化があるとしても）が、贈与の性質あるいは意味はまったく変化する。なぜなら、受贈者が異なるからである。贈与は常に一回限りの行為で、そこに連続はない。それに対して、預託は、受託者がどれほど変わっても、預託自身の性質に何ら変化は生じない。預託は非連続の連続、贈与はあくまで非連続と理解するべきで、贈与は非時間的である。

道元は次のように述べている。「いはゆる有時は、時すでにこれ有なり、有はみな時なり」（正法眼蔵第二十、有時）。この存在の時間性への着目は、はるか時と場所とを隔ててハイデガーやマリオンが共有することになるのであるが、この言葉にやや遅れて続く、「しかあれば、松も時なり、竹も時なり。時は飛去するとのみ解会すべからず、飛去は時の能とのみは学すべからず。‐中略‐要をとりていはば、尽界にあらゆる尽有は、つらなりながら時々なり」（有時）という個所に注意する必要がある。個々の存在者は有限で、個々の時間は《飛去》するのにもかかわらず、どのような理由により、連続を明言できるのであろう。

存在あるいは時間を、私やDaseinから出発して、その内的体験として理解するなら、その連続性を考えることは困難で、両者は、外部から私やDaseinを包摂すると理解しない限り、非連続と連続が相即することはない。そして、この相即は、量的というよりむしろ質的で、道元は「経歴といふは、風雨の東西するがごとく学しきたるべからず。尽界は不動転なるにあらず、不進退なるにあらず、経歴なり。経歴は、たとへば春のごとし。春に許多般の様子あり、これを経歴といふ」（有時）と指摘する。相即は、同質にして多様、多様にして同質で、egoから出発する時には、私という極の同質性と、体験の多様性を理解するとしても、この知見が、私の外部（存在と時間）にまで及ぶためには、やはり発想の転換が求められる。

あらためて、超越論的主観性というegoの役割を顧みるなら、egoは構成者と同時に所有者であることに気づくと思われる。忘れてはならないのは、後者で、所有は超越論的主観性の一つの姿に他ならない。マリオンの還元が、donをあらかじめ贈与と想定する自然的態度を不問にしているのは、この還元が不徹底である例証で、所有は超越論的主観性の痕跡と考えられる。これに対して、道元は「仏道をならふといふは、自己をならふ也。自己をならふといふは、自己をわする、なり。自己をわする、といふは、万法に証せらる、なり。万法に証せらる、といふは、自己の身心および他己の身心をして脱落せしむるなり」（正法眼蔵第一、現成公案）と述べている。道元は、徹底して還元を遂行し、egoの無力化を目指すのであるが、この時に、現象はありのままに、いわば phénomène en soi として現れる。この状態が《脱落》で、具体的には、人間の本来の姿、**非所有**の自覚である。

第二章　キリスト教哲学の展開

I　形而上学的思惟

キリスト教哲学、厳密な意味では、現象学に基礎づけられたキリスト教哲学は、形而上学（onto-théo-logieや出エジプト記の形而上学）の批判から出発する、この点は明らかであるとして、注意が必要なのは、形而上学と形而上学的思惟との区別と思われる。ここで形而上学的思惟というのは、対象の認識という意味で、経験に基づきつつ、経験を超えた領域に進むという思惟の必然的傾向で、キリスト教哲学の役割の一つは、この思惟本来の傾向を、形而上学の制約から解き放つことにある。たとえば、マリオンは、「形而上学と存在者の存在という問題を凌駕するというのは、形而上学（また、存在者、対象、思惟可能な事柄に授けられた特権）の先を進むこと、さらに、存在問題 Seinsfrage（そして、この問題が現前の頑強さに認める特権）を越すことを言おうとする」[1]と述べている。

ところで、形而上学の制約の例として、可能と不可能との明確な区別が挙げられる。つまり、存在者は可能性により定義され、《不可能な事柄は、現実に存在しない》、《可能な事柄が、現実に存在する》と理解される。しかし、このような可能性は、思惟にとっての可能性、表象が矛盾を含まないことに他ならず、この可能性はただ対象に関わるにすぎない。制約は、対象という概念が抜き難く支配し、可能と不可能は、対象の区別として把握される点にある。これに対して、神に固有なのは、可能と不可能という区別、対立に基づかないことで、「イエス・キリストが示したように、神は、形而上学の限界を取り払うことで特徴づけられる。神にとり、可能と不可能は（仮に、［不］可能の極限は、神では、私たちに現れる極限とは一致しないとしても）、区別されない」（DM,p.177）。

ここでは、形而上学的思惟は、一種の異なる眼差し、具体的には論理 logique を、理法あるいは神の言《ことば》logos により二重化する働きに他ならない。聖書の啓示の礎《いしずえ》となる定式《神は愛である》に基づいて、形而上学の論理を、アガペーの論理で見直す作業が求められる。アガペー、あるいはパスカルの三つの秩序では charité は、形而上学的思惟の基礎にして、このような思惟に近づくことのできる唯一の道で、不可能の可能への転換（遡って、両者の形而上学による区別）は、思惟作用と愛との間の通約不可能な隔たりにより解釈される。そして、この隔たりはまさに超自然的であるがゆえに、経験（対象の認識）を超える。「思惟は、イエス・キリストが実行した愛に近づくことがない限り、決してキリスト教的に考えることを始めない」（DM,p.180）。もとより、愛は、その固有の論理、様式にしたがって現れるのであれば、形而上学の視点からは把握されず、思惟の論理に対立する。

しかし、可能と不可能との二分法を斥け、後者の前者への転換を理解し、受け入れるためには、愛するか否かの決断が必要で、この決断は、無限に無限以上（infiniment plus infinie）と言われるほどに決定的と思われる。それゆえ、問題は、to be or not to be よりむしろ to love or not to love で、この態度決定にしたがって、「制御可能な論理的必然性に、制御不可能な恩寵の適合性が置き代わる」（DM,p.182）。この時には、哲学者の言葉ではなく、愛の言葉、知の愛ではなく、愛の知が問われることになる。ただ、キリスト教哲学の可能性の条件と役割は、あくまで愛の**知解**（**概念的理解**）であって、この意味で、哲学者の言葉、知の愛、そして形而上学さえ考慮外に置くことはできない。課題となるのは、根本的に異なる二つの秩序の混同を避けつつ、形而上学的思惟を、いわば meta-metaphysica として、その固有の領域へと導いていくことである。

形而上学的思惟が、meta-metaphysica である所以は、互いに還元しえない二つの思惟の様式、二つの論理、つまり、精神と愛との二つの秩序を認めつつ、後者により前者を二重化することにある。パスカルの、「身体（物体）から精神への無限の隔たりは、精神から愛への無限に無限以上の隔たりを描き表わす。なぜなら、愛は超自然的である」[2]という言葉にしたがえば、愛という第三の秩序は、先立つ二つの秩序を裏打ちする。ここで、マリオンは、次のように述べている。「《身体（物体）》は《精神》と《愛》の観点から、同様にまた、《精神》（たとえば、形而上学、哲学、存在問題、など）は《愛》の観点から、記述され、判断されることができる」（DM,p.184）。精神の秩序は、少なくともパスカルの考えを受け入れるなら、《愛》から出発して理解あるいは解釈される。マリオンの愛による還元、この発想は、キリスト教哲学の具体的展開の一つの例と考えられるが（パスカルを現象学的に解釈する）、《愛》の《精神》への眼差しは、後者が自ら理解する事柄を、そのままに理解するのではなく、まさに解釈学として、後者に潜在する前者の兆候を読み取ろうとする。「諸能力を、理性の法廷に召喚するのではなく、哲学は、アガペーの法廷に自らが召喚されていると、自ら見出すことができる」（Ibid.）。アガペーの法廷、この視点がキリスト教哲学の場に他ならない。

パスカルは、「あらゆる身体（物体）の総体、あらゆる精神の総体、すべてのそれらの産物は、愛の最小の運動に匹敵しない。愛は無限により高い秩序に属している」[3]と述べているが、上位の秩序は下位の秩序には不可視で、それぞれの秩序は自らの権限の範囲内で判断を下す。理性の法廷およびアガペーの法廷は、比喩のままに裁判所の審級で、同じ案件を異なる視点で解釈し、異なる言葉で表現すると考えることができる。また、下級審で下す判断で十分であれば、上級審に審理を委ねる必要はなく、審理は必ず下から上へと進み、その逆はない（仮に、審理の差し戻しがあるとしても、その権限はあくまで上級審にある）。形而上学の批判は、形而上学的思惟本来の役割を解き放つ、この逆説は、やはり二つの審級の間の還元不可能な隔たりを明らかにし、形而上学的思惟は最後にして最高の審級として、神学への扉を開くと思われる。

Ⅱ　神学の扉の前で

ここで、現象学から神学への道のりを、あらためて振り返る必要がある。マリオンは、「超越論的あるいは実存論的（ある意味で、ほとんど超越論的に留まっている）還元は、すべての意識に外的なままである事柄、神の超越を含むあらゆる超越を括弧に入れることを含意している」[4]と述べて、神は単純に、現象性を逃れるがゆえに、現象学の範囲には属さないという考えを提示する。他方で、現象学には、世界の即自的な現実存在（ただ現象に限られない）への接近（世界の超越性）という問題があり、加えて、「超越論的還元は、超越論的な私自身が、このような還元をおこなうことを要求するのであろうか」（RU,p.367）という問いに示される、独我論、それにともなう相互主観性や他者の構成という課題がある。

神、世界、他者という三つの超越が、現象学を、神学の扉の前に立たせることを禁じていると考えられるが、この時、現象学が出発点としているのは、還元によって獲得された超越論的主観性であることは明らかで、この意味で、サルトルを代表者とするフッサールの現象学、一つの時期の現象学の立場と思われる。しかし、マリオンを含むフランス現象学の進展が明らかにしているように、現象学は決定的に定義されることはなく、フッサール自身に見られるように、自らが提起した問題を自ら解決していく、前に進んでいく哲学である。フッサール後の現象学の一つの特徴は、私の主格から与格への役割の変化で、還元がもたらす知見は、「所与に、また所与という資格で、参与し、身を投じる運動としてのdonationは、現れの現象学的妥当性を定義する」（RU,p.370）と述べられる、現象性の donation による理解に他ならない。マリオンの現象学、言葉を換えれば、donation の現象学では、現象性は自ら示す（示される）、あるいは自らを自ら示すのであって、あくまで自らを与える（与えられる）。それゆえ、意識の体験は、donation の受容で、この時、すべての現れる事柄は与えられるとしても、与えられる事柄すべてが現れるとは限らない。

　獲得された donation の現象学の立場では、次のように述べられる。「神の顕現（その自己 - 啓示 auto-révélation）は、はじめに贈与と愛として、すべての他の決定と地平、存在者性や対象性の決定と地平にさえ先立って、それが告知され、与えられるように、理解され、受け取られなければならない」（RU,p.371）。この言葉を受けて、マリオンは、「現象学は、神の問題 Gottesfrage を、存在問題の限界から解放しないことはできない」（Ibid.）と明言する。そして、他の二つの課題（世界と他者）に対して、やはり donation の現象学の立場で、「現象学の起源となる用語の深い変容から、少なくとも、二つの新しい作用が結果として生じる。飽和した現象と与えられし人である」（RU,p.372）と言及する。

　現象は、直観と概念という二元性により定義されるとして、直観が概念（直観を総合し、構成し、理解させる）との均衡を失いつつ出現する時には、直観は概念あるいは意味を凌駕し、現象は対象であることを止める。世界は、実際には、予期されずに自ら到来する出来事により充たされ、対象はその一つの場合（二元性により包摂できる）にすぎない。この出来事に対応するのは、明らかに構成する私ではなく、受容する私で、経験は対象の認識を意味するのであれば、出来事は私（少なくとも構成者として働く）にとり反

‐経験 contre-expérience となる。

注意が必要なのは、経験は対象の認識に限られるのに対して、反‐経験は事物およびそれが受容者に引き起こす混乱や騒音を与えるという点で、《事物自身への帰還》は、経験ではなく、反‐経験により可能となる。還元は、対象ではなく、出来事（飽和した現象）、超越論的主観ではなく、与えられし人を明らかにする。「すでに、一挙に donation に内包された私だけが、可能な飽和した現象、可能な直観の過剰、可能な反‐経験に、誠実に身をさらすことができるであろう」（RU,p.377）。フッサール後の現象学を画するのは、マリオンの立場では、飽和した現象と与えられし人という結果への到達で、この地点に立つことで、はじめて神学の扉の前に立つことになる。

Ⅲ　扉の中へ

キリスト教哲学が、神学に眼差しを向ける時、問題となるのは、啓示あるいはキリストの中での神の自己 - 啓示で、このことは、神の啓示の原初の性格は、聖書の用語では、現れ、端的に言って、現象性と考えられるからである。マリオンは、「キリストの現れは、一つの現象、対象化できず、構成不可能で、またキリストを見る人々に還元しえない一つの現象で、飽和した現象の性格を極限にまでもたらす」（Ibid.）と指摘する。キリストという現象は、比較なくして前例なく、それゆえに、キリストを受け入れるという決断は、飽和した現象の受容で、この受容は、知解しつつ信じるという相即に他ならない。飽和した現象は、与えられし人の十全な構成を逃れてしまい、直観の過剰は、概念、言葉、思惟が承認することのできる事物を、比較しえないほどに凌駕する。

したがって、キリスト教哲学や donation の現象学の立場では、信仰は次のように定義される。「信仰は、現象学（そしてアウグスティヌス）の用語では、定義不可能な意味、《直面できない》志向性、考えられない概念を、直観が超過してしまう現象を、現象自身から出発して理解するために、信じることにある」（RU,p.382）。この直観の超過（あらゆる概念を凌駕する）が、頂点に達するのがキリストの復活で、死者の復活は、まさに考えられない、不可能な事柄で、概念が禁じる事態である。

ひとたび扉の中に入るなら、客観的明証性（おそらく、形而上学および形而上学に基づくキリスト教哲学を支配していた）という考えを相対化する必要がある。客観的明証性は、あくまで対象として構成される事物にかかわり、飽和した現象に同じ性質の明証性を求めることはできない。飽和した現象は、定義により、対象として構成されないだけではなく、出来事として到来し、求められるのは、証言と出来事自身から出発する解釈である。この意味で、「証言者の信仰は、客観性が、対象として構成された現象にふさわしいのとまさしく同様に、飽和した現象にふさわしい」（RU,p.384）。現象学が、すべての現れを、十全の権利をともなった現象として受け入れようとするのであれば、キリスト教哲学は、啓示があらゆる事物に光を当て、いままで（啓示以前には）隠されていた事柄を明るみに出すことを認めようとする。

Ⅳ　再試行

フッサール後の現象学と言う時、《後》はただ時間的な前後関係（post）に限られず、同時に meta、つまり先立つ段階の問題解決自身が引き起こした課題の克服という意味を持ち、この点で phénoménologie ではなく、phansiologie と名づけるべきと思われる。哲学（特に現象学）は、いわば再試行の歴史で、《天の下に新しき事なく、地の上に古き事なし》、この古来の言葉が最もふさわしい。たとえば、マリオンの愛による還元は、パスカルの三つの秩序を現象学の手法で解釈したと考えられる。

ここで、やや時代を遡って、エマニュエル・ムーニエに着目すると、「魂と身体との解消できない結合は、キリスト教的思惟の軸である」(5)と述べられている。思惟や魂は、生の息吹と同時で、身体をともなう現実存在の中で融合しているがゆえに、精神は esprit（精気）である。この融合という現実存在を、人格 personne と呼ぶなら、人格を構成する二つの要素（魂と身体）は、あくまで同時に現れる現象であり、二つの区別される実体ではないと言える。ムーニエは、「私の受肉した現実存在 existence incarnée は、私の人格的基盤の本質的**要因 facteur** である（強調は引用者）」（LP,p.28）と指摘し、《私が主観的に現実に存在する、私は身体的に現実に存在する、これらは、唯一にして同じ経験である》という言葉を提示する。(6)

ムーニエの人格主義が、キリスト教哲学（phansiologie に基礎づけられた）の先駆的意味を持ち、再試行の課題を提供することは明らかで、たとえば、次のように述べている。「もし、人格は、起源から、他者への運動、《向かう存在 être-vers》であるなら、別の側面では、人格は、事物とは対立して、不断に豊かさを湛えると思われる内に秘められた生の鼓動により性格づけられるであろう」（LP,p.51）。一方では、人格は他者へと向かい、他方では、内的生あるいは内面性を特徴とする。この二つの契機は相補的で、超越と内在とは相即する。

また、人格主義で言われる《私》は、主格、それ以上に超越論的主観性ではなく、対格として理解されている。ムーニエは、「人格的生は、自我 soi の不断の肯定と否定で、この根本的な律動は、あらゆる人格的生の働きに見出される」（LP,p.57）と、また「あまりに乱暴に、所有と存在とを、選択が必要な二つの実存的態度として、対立させてはならない」（Ibid.）と指摘する。現実存在にとり、所有なくして存在はなく、所有する能力は原則的には無限であるとしても、所有が存在を汲み尽くすことはない。すでにムーニエは、所有が主格としての《私》の主要な指標であることを見抜き、「所有なくしては、現実存在は足場なく、対象の中で消散する」（Ibid.）と述べつつ、同時に対格としての《私》が露わにされる点に言及する。「所有することは、その上、人と関わり、単独であり、受動的であることを放棄する」（Ibid.）。それゆえ、《私》の本来の姿に気づくためには、占有から非占有への移行が必要で、「人格の開花は、内的条件として、自己中心主義を消極する、自我とその利益との非占有を含意する。人格は、ただ自らを失うことで、自らを見出す」（LP,pp.58-59）。

ムーニエの遺産、言葉を換えれば、再試行の課題の一つが明らかになる。つまり、ムーニエは、所有が

《私》の二つの機能、主格と対格とを同時に示すという機構を指摘しつつも、この謎を解明していない。また、なにゆえに《人格は、ただ自らを失うことで、自らを見出す》と考えられるのか。ここで、解決をもたらすのは、donation が与えるのは、所有権の移転をともなう、言葉の固有の意味での贈与ではなく、あくまで期限付きの貸与であるという非所有の視点で、人格にとり、所有は預託にすぎず、主格の機能（所有者）はいわば仮象で、対格の機能（受託者）こそが本来の姿に他ならない。人格は所有者（仮象）を失うことで、その受託者（本体）を取り戻す。

いずれにしても、ムーニエが、超越と内在との相即、私という対格に周到な注意を払っていたことは否定できない。例として、「霊的（精神に関わる）関係は、区別の中での親密さで、並置の中での外在性ではないので、超越という関係は、超越された実在の中心に、超越的実在の現前を排除しない」（LP,pp.83-84）と述べている。この言葉は、ムーニエ自身が指摘しているように（LP,p.84）、アウグスティヌスの告白、《神は、私に固有の親密さ以上に、私に親密である》を引き受け、私の神への望みを、超越的実在の現前に託していると考えられる。また、「人格は存在ではなく、存在に向かう存在の運動で、ただそれが目指す存在の内で安定する。この熱望なくしては、人格は、束の間の主体の内で散乱するであろう」（LP,p.85）という言葉は、私という主格は束の間にすぎないことを明言する。

V　人格主義からキリスト教哲学へ

ムーニエの人格主義は、すべての哲学が同じ性格を持つように、一つの再試行であり、一つの問題提起である。キリスト教哲学が、言葉の充実した意味でムーニエ《後》（post および meta）であるためには、解決するべき課題を見出し、引き受ける必要がある。次のように述べられる。「人格は、キリスト教的見地では、現前にして肯定であるが、自我への現前、自我の肯定ではない。人格は応答である（強調は原文）[7]」。人格は、《存在に向かう存在の運動》である限り、主体と客体という図式を当てはめるのは不可能で、呼びかけと応答の関係で理解される。このことは、言葉を換えて、「私が、生き生きとした存在から、自らの面前に、精神あるいは生を除かれた、外的に印をつけられ、目録化され、私の意のままになる、私が操作し、管理する事物として措定し、提示する、一つの惰性的所与に姿を変える時から、私は、存在の光の国を出て、精神の離脱という責任を負うべき行為により、所有の盲目の国に位置することになる」（RR,p.462）と指摘される。

ここで、ムーニエは、《個人》と《人格》とに言及し、両者は分離して示されないとしつつ、前者は「個人化という衰退の過程、一つの失敗」（RR,p.466）、後者は「超越的呼びかけに応える人格化の豊かにする過程」（Ibid.）として区別されると述べる。ムーニエが、《個人》（私という主格）に対して、《人格》（私という対格）を重視していることは明らかで、この姿勢を支えるのが、「宇宙全体は救済に呼びかけられている。思惟と事物、自然と技術、物体の恩恵、労働と科学、何もこの想定からはアプリオリに排除されない。悪と存在の拒絶以外は」（RR,p.467）という確信である。個人化は、「神の手の間にもはやない人間は、その存在が断片化され、多様な力の繁殖であるような、その生をもはや手にしていない人である」（Ibid.）という、一種の拡散に他ならない。

《個人》から《人格》へ、この決定的な転換を導くのが召命で、「召命の永遠の呼びかけは、その声を弱め、意味を逸脱させることのできるすべてに対して、断絶という一つの永続する態度を含んでいる」（RR,p.469）。そして、ムーニエは、やはりアウグスティヌスを引き継ぎ、「外に向かう魂は、硬化し、閉じられた魂で、集中した存在は、自らの内に、《高さ、大きさ、深さ》を知り、携える」（RR,p.470）と述べる。人格主義からキリスト教哲学へ、この進展は、次の言葉が確証する。「受肉は歴史に外的な神話ではない。奥義は歴史を超越しつつ、十全な歴史の内で展開する。受肉は日付、地点ではなく、空間と時間の中に限界のない、世界の歴史の住まいである」（RR,p.494）。内なる人に響く呼びかけは、歴史的にして超歴史的で、主体と客体、この視点は、いわば呼びかけという広大無辺の地に浮かぶ一つの図に過ぎない。

VI　呼びかけと応答

（a）呼びかけの根源性

ムーニエの人格主義は、自らが先立つ哲学の再試行であるように、提起する問題が、あらためて検証を求める、一つの問題構成で、現象学を経由するという再試行を必要とする。ジャン‐ルイ・クレティアンは、次のように述べている。「到来へと誘いうるのは、ただすでにこちらに向けられ、明らかにされた事柄、呼びかけを呼ぶ事柄、それゆえ、言葉の日は、あらゆる呼びかけの曙光の前に、すでに昇っている」[8]。確認するべきは、はじめに呼びかけありき、という出発点で、私という対格は、私という主格に先立つ。

この呼びかけの根源性は、美[9]により例証される。「美は、自らを明らかにしつつ呼びかけ、呼びかけつつ自らを明らかにする事柄である」（AR,p.19）。古来より、美は人を惹きつけ、それに向かう運動を起こさせ、感動させ、人は美を求めて自らを求め、この意味で、美は、呼びかけにして召命である。この、すでに人は呼びかけられ、その言葉、眼差しは、要請に対する返答であるという事態は、フランス現象学の発見の一つで、クレティアンは、メルロ‐ポンティ[10]を引用して、「呼びかけは、沈黙の内に、それぞれの可感的事物の中で発音される理法logosである」（AR,p.25）と指摘する。

ところで、メルロ‐ポンティは、「もし、私たちが、精神により、言語がその翻訳あるいは解読された版であるような一つの根源的文献を探し出すとすれば、完全な表現という観念は無意味で、すべての言語は間接的、暗示的で、望みであれば、沈黙であることを理解するであろう」[11]と述べている。メルロ‐ポンティにとり、理法への応答は、身体による世界への参画で、応答は声なき声、沈黙から始まる。そして、この応答の沈黙という起源は、言語の本質を規定する。「言語は、思惟を複写する代わりに、思惟により解体され、再試行されるに任せる時に意味作用をおこなう。言語は、足跡が身体の運動と努力とを意味するように、その意味を携える」[12]。すでに、メルロ‐ポンティは、呼びかけと応答という関係は（この用語は使わないとしても）、主体と客体の図式に先立つことに気づいていたのであって、たとえば、「語り、書く時には、私たちは、すべての話し言葉から区別され、面前にあるような、言うべき何らかの事柄に言及するのではない。語られるべきことは、すでに語られたことに対する、私たちが生きることの過剰にすぎない」[13]と指摘する。メルロ‐ポンティが、「フッサールは、野生の世界と野生の精神を目覚めさせた」[14]と言う時、この二つの sauvage が、呼びかけと応答である可能性は否定できないと思われる。

呼びかけの根源性は、また、人は自ら言葉を発する以前に、より正確には存在すると同時に、言葉あるいは沈黙という言葉の中に捉えられていて、語る以前に聴くことを含意する。それゆえ、「あらゆる呼びかけの根源的思惟は、呼びかけはただ応答の中で聴かれる（理解される）ことを想定させる」（AR,p.42）。呼びかけと応答との間には、前者がつねに先立つという時間的差異があり、その理解 connaître は承認 reconnaître であり、応答 répondre は、照応 correspondre ではない。両者の関係は、現象性、出来事性に基づき、ここに因果的関係が入り込む余地はない。

（b）独白

美が端的に示しているように、呼びかけは、常にしてすでにある。この点に関して、クレティアンは、「可視的な声、それは美であるが、美は、聞く、それゆえに、訊ねる眼差しに限って可視的である。露わにする眼差しは、声自身でありつつ、期待および期待を上回る事柄の想起の中の声を除いては決して明らかにしない」（AR,pp.47-48）と述べている。そして、この《訊ねる眼差し》を自分自身に向ける人が、ムーニエの言う《内なる人》と思われる。「私に投げられた呼びかけは、私自身を、私自身にとって、問題構成とする。つまり自らの限界と能力とが不確かになる」（AR,p.62）。この時、注意が必要なのは、独白 soliloque の中で自らと語る魂の働きは、私の内にある、霊的光を可視的にする働きで、決して光自身とは混同されない点であろう。見ること、聴くことは、本来的には受容性に他ならず、私は、最初の言葉ではないのと同様に、光源ではない。

独白は、実際には、私が主格から対格、そして与格へと、いわば根源へ遡及するための適切な視点をもたらす。「真理を探究するために、内面へと向かうのは、自分自身に向かうことではない。神の御言葉である霊の太陽に向かう。私たちは、内なる声により導かれるのではない」（AR,pp.63-64）。ego（主格）は、呼びかけにしたがって（与格）、内面へと向かうのであるが、私の内奥で出会うのは、私以外の他の声で、この時、私は本来の姿（与格）を体得する。「どのようなキリスト教的思惟も、内的な声を、神の証言者の声に対して、特権化することはできないであろう」（AR,p.64）。クレティアンは、アウグスティヌスの《声は御言葉が大きくなるのにしたがって消えていく》を引き継ぎ、「声は二重に解体され、凌駕される限りで、真に自分自身であり、声として完成される」（AR,p.80）と述べるのであるが、解体し、凌駕するのは、声が告げ、その重さを担う御言葉の永遠の過去（記憶不可能な過去）と切迫した未来（終末論）であると思われる。

近代哲学の主体と客体の図式が、実際には、呼びかけと応答の関係を背景としている点は、近代哲学の発想自身にうかがわれる。たとえば、カントを念頭に置いて、クレティアンは、「私が、自らを立法者とする、法の内面化は、私を分裂、分割するという条件に限り支持される」（AR,p.91）と述べる。私が真に私である、つまり倫理的主体であるためには、《私は一人の他者》でなければならない。私という主格は、その本来の姿が、私でありつつ私以外の私により二重化される。私（主格）は、その機能を徹底させる（倫理的主体）ことで、いわば臨界に達する。もとより、自らの言葉を与え、言葉の中に自らを投じるためには、あらかじめ言葉を受け取る必要がある。この言葉は、私の声に常に先立つという性格は、私の根本的規定で、声という身体性の条件、そして、声を発する身体によりもたらされる精神の働きの可能性の条件で、それゆえ、「呼びかけの最も《経験的》な形式は、また最も《超越論的》である」（AR,p.99）。

私の声は、常にしてあらかじめ、言葉に遅れる。この意味で、私の声はすでに過去で、私は、呼びかけを、応答により伝達するいわば代弁者にすぎない。呼びかけは、私の声自身以上に私の声に内的であるが、また、「この内的声は、決して精神や意識の底に現前する一つの《声》ではなく、私たちが位置する世界の中で、常に響き渡っていた」（Ibid.）のである。

（c）身体という応答

人間の声は応答することで語る、この点の確認は、応答は、身体を介しての世界への参画であるとするなら、身体の最も再帰的な働きである《触れる》[15]は、どのように応答として理解されるのか、この問題を提起する。「魂の最初の証明は触れることである」（AR,p.103）と指摘されるのは、たとえば《見る》は、見ていることが、見ている事柄により直接に見られることはなく、この非再帰性は、他の感覚器官にも当てはまるのに対して、《触れる》は、触れる事柄により即時に触れられる。ただ、《触れる》の再帰性は、対象性ではないことを見落としてはならない。私が触れるのと同様に、触れられた事柄（この中には私自身の身体や他者の身体が含まれる）が、私を触れることはなく、「ただ、生物の触れることは、実際には、そこでは常に何らかの仕方で、生自身が問題になるので、近くと遠くとがあるようにする。なぜなら、生物にとってだけ、**絶対的**ここがあり、これとの関係で近くと遠くとが示されるからである（強調は引用者）」（AR,p.104）。そして、問題の核心は、この**絶対的**ここの理解であると思われる。

生あるいは身体やchairの現象学が、メルロ‐ポンティ、アンリを例として、触れることの現象学を手掛かりにしているのは、触覚[16]によりあたえられるのが、生の場であるからに他ならない。クレティアンは、ここで、「すべての可感的で感受的な生は、危機に瀕した生で、危機に瀕していなければ、生は感受的ではないであろう」（AR,p.118）と述べている。生の場が絶対的であるとしても、このような場は、私に、決められた時間内で（瞬時ということもありうる）限定される限りで絶対的で、絶対性は危機により保証される。「感じることとは、自らが自らを感じ、自らを享受する生の自給自足に差し向けるのではなく、生が冒険し、危険にさらされる空間を開き、この空間は脅威の尺度と同じである」（Ibid.）。可感的身体の自らに対する関係、あるいは身体の自己受容proprioceptionの特権化は、やはり私が主格であることの名残で、感受性はすでに沈黙の内で、事物の呼びかけに応答している。

主体と客体という図式は、呼びかけが、常にしてすでにあり、出来事性、現象性を特徴とする、この意味で一つの脅威で、応答は照応（同時）ではなく、対処（遅れ）に過ぎないという危機に対する、私の問題解決の様式で、これにより安定あるいは安全を確保しようとする本来の傾向の現れとも考えられる。しかし、私は、はじめに私以外の事柄を感じ、私自身を感じるとしても、このことは、私以外の事柄の感覚に基づいておこなわれ、「私は、ただ他者（他の事物）に負うことで、私を感じる。私を、私自身に与えるのは、自己とその固有の行為、情感への帰還は、他者（他の事物）を常に想定している限りで、他者（他の事物）である」（AR,p.142）。最も内的な感覚、現に働いている私に固有の可感的生という感覚は、私以外の事柄に最も開かれ、その親密さは、同時に開示性で、自ら自身を、自ら感じることは、起点ではなく、呼びかけに対する応答にすぎない。

世界内存在や世界への被投性、この現実存在の根本規定を、呼びかけと応答という視点から表現すると、「私は、私 je と言うことから始めるのではなく、ただ世界から君 tu と話しかけられることで私である」(Ibid.)。一言では、感受性は、あらかじめ汲み尽くせない豊かさの内に現れる世界により、自らに与えられ、自らの享受は、限りなき他者（他の事物）との出会いによる。私の五感が、その多様な可能性を実現していくのは、私以外の事柄、つまり世界によるのであって、このことを最も明らかにするのが美に他ならない。

Ⅶ　眼差しの諸相

（a）謙遜の三つの相

キリスト教哲学の展開という表題で論を進めるにあたって、あらためて出発点を確認する時、クレティアンの次の言葉に出会う。「あらゆるキリスト教的事柄は逆説的である」[17]。この言葉は、キリスト教の根源は、歴史の最も大きな逆説（神が自らを人となし、真なる生、愛の生を与えるために死んだ）にあることを示唆するとして、意味深いのは、「この逆説は、一つの定立 thèse ではなく、一つの出来事、キリスト者[18]にとり、自らの時代と自らの現実存在の先導となる神の率先である」という指摘であろう。この逆説という視点から、謙遜という論題が生じ、「謙遜は、本質からして、私たちの固有の視線を逃れ、それにより一層従うほど、より一層見えなくなるので、どのように把握するのであろう」（RA.p.11）という問いが発せられる。

謙遜は、徳としては最も重要で、謙遜なくしては他の徳はその効力を発揮しえず、この意味で、あらゆる徳の背景と考えられることは明らかとして、他方では、例えば勇気、節制、寛大さといった徳のように、直接に見て取るのは容易ではない。この逆説は、謙遜の本質となる性格に基づく。謙遜では、「自らを享受し、自らに呻吟するために、自らを知ることが問題なのではなく、もはや自分自身にかかずらう必要がないように、自分が自分自身であるとは何かを明らかにすることが問題となる」（RA.p.13）。つまり、謙遜は、自分自身に対して自由であることを本旨とし、このことが、翻って他者（他の物）に対する自由をもたらす。

先に挙げた例では、勇気は、自らが直面する事態に対処する時の自由、節制は、自らの欲望に対する自由、寛大さは、他者に対する自由と考えられる。一言では、自分自身に囚われる人は、自分以外のあらゆる事柄に捕らえられる。

謙遜は、自分自身を忘れるために、自分自身を知る、この点を明らかにしつつ、クレティアンは、一歩踏み込んで、謙遜が、「前もって、その範囲や限界を知ると主張することなく待ち受ける任務をもたらす」(R.A.p.14) と述べて、謙遜のきわめて積極的な役割を指摘する。そもそも、待ち受ける任務に、範囲や限界を設定するのは、その裏返しである無謀と同様に、自分自身に囚われていることの現れで、不可能と可能という区別が、ある意味で、形而上学の所産であることは明らかと思われる。謙遜は、やはり呼びかけに対する応答で、この時には、「自分自身に所属することなく、投げかけられる光は、ただ、神により放たれた呼びかけから輝く」(Ibid.)。

これに対して、私が唯一の動因である自己認識（私自身が自らの判定者、証人、真理の唯一の場所）は、むしろ真の自己からの逃避にすぎない。呼びかけと応答という視点では、「謙遜は、神の前での自己認識で、あらゆる謙遜は出会いである。人は、ただ神に出会う所で謙遜、神は、ただ人が謙遜な所で人に遭遇する」(Ibid.)。謙遜は、私の認識と神の認識との交差に他ならず、私は、自らを、ただ神の光により、神の光の中で知ることができ、同時に、ただ謙遜な態度で（私の創造者、救い主として）神を知ることができる。謙遜は、神への眼差しから生じ、神から発する光が私自身を照らす（明らかにする）。

ところで、謙遜の逆説という性格が最も顕著に示されるのは、イエス・キリストの内であろう。「キリスト者の謙遜は、自己認識と神の認識とを交差させるだけではなく、また後者の内で、威光の認識と謙遜の認識とを交差させる」（RA,p.16）。キリストは、混同と分離なくして、自らに謙遜と威光とを統一する。《謙遜の主》は、一方で、謙遜を示し、伝えることで、謙遜が起源となる限りのあらゆる善性を示し、伝える。他方で、その支配は考えられる限り最もつつましく、仕えるための支配である。キリストが行使する意志は、自らの意志ではなく、キリストを遣わせた神の意志で、「キリストの使命と受肉した存在とは、完全に一致する」（RA,p.17）。そして、「神性を慎ましくすることで、謙遜を神格化する」（Ibid.）、この謙遜と威光との相即は、キリストが、本性により神でありつつ、人となったという逆説を確証する。

確かに、神の愛による無限の謙遜は、被造物が自らに知ることのできる謙遜とは異なり、神の超越は、その謙遜が逆説として現れ、被造物の思惟では把握し尽くせないことで、より一層明確にされる。しかし、謙遜に道を進めることは、神が常にしてあらかじめ用意し、必ず開かれる場に進むことに他ならず、謙遜の生きた聖像であるキリストは、深淵にあるとしても、キリストの謙遜が、被造物の努力の方向であることに変わりはない。私を知るとは、私は非所有であることを知る。つまり、私の内にあるすべては受託したのであり、私だけを起源とし、私に唯一帰属する能力を主張することは妥当性を欠く。クレティアンは、「勇気もまた死と復活に与る」（RA,p.18）として、「謙遜は、うぬぼれに基づく勇気を死に至らしめ、神への信頼に基づく勇気を復活させる」（RA,pp.18-19）と述べる。

ここで言われる勇気が、日常的に使われる意味をはるかに凌駕していることは明らかで、「謙遜は、可能な事柄の限界を突破し、あらかじめすべての落胆を逃れているがゆえに、望外のことを成し遂げる」(RA,p.20)。勇気は、やはり逆説で、私が最も無力であることを自覚する時に、最も大きな力を発揮する。思い上がり、無謀、高慢が、真の自己認識からの逃避、言葉を換えれば、眼差しの錯乱であるなら、これらが最も強く働く場合、私は最も弱い。真の自己認識からの逃避は、それ自身、真の自己認識への促しで、使命を逃れることが巧妙であるほどに、使命は重くなる。

謙遜は、一方で、私の存在様式あるいは行動様式、そして自己認識であり、他方で、他者や他の物との関係の様式である。クレティアンは、「謙遜は、まったく同時に、困窮の中の他者に対して、諸世界の主の最も完全な像として、敬い、仕え、また、他者の辱めに抗して、甘受しうることなく、闘う力を常に持つことを課する」(RA,p.27)と述べている。この言葉は、明らかに、それぞれの人間は神の像であるとともに、キリストの最も高貴で、至高の聖像は、貧困、悲惨、辱められた姿であることを示唆する。それゆえ、謙遜の真に高い段階での固有の使命は、他者への献身で、人を辱めることは、謙遜の自己矛盾にして自己破壊で、瀆神に他ならない。

謙遜であるとは、他者を知ることで、この時、私は明確に対格として現れる。つまり、私は、他者をありのままに受け入れ、他者が何であるかを決定する権利を持たない。謙遜は、私にとり、私からの自由であると同時に他者に対する自由である、この言葉の意味がより一層明らかになる。「(主格として) 他者が何であるかを知っていると主張しない。このことは、他者を私と比較し、私を他者自身の尺度とすることを放棄し、他者を敬うことである（強調および語句の添加は引用者）」（RA,p.28）。

自己認識と他者認識、両者は謙遜の内で交差し、神の認識に収斂する。それゆえ、謙遜が湧出する源は神に他ならず、神は、私に、謙遜を預託する。「謙遜は、忍耐強く、暗がりを突き破る愛という眼を持つ。なぜなら、謙遜自身が、どのような暗がりから、謙遜が、愛により引き出されたかを知っているからである」（Ibid.）。あらためて、謙遜の積極的役割が示される。謙遜により、可能と不可能とを区画する形而上学は働きを停止し、人は、見ることと見えることの彼方に視線を投じる。そして、この眼差しが、愛あるいは希望であるなら、謙遜は、被造物に貸与された最も大きな力と思われる。

クレティアンは、「謙遜は大きく見開いた眼を持っている」（RA,p.33）と述べるのであるが、この言葉はすでに逆説を含んでいる。謙遜は、鋭い観察や精緻な分析をもたらすことなく、むしろ、たとえば困窮している人を、その仔細を訊ねることなく敬うという盲目に導く。この逆説を理解する鍵の一つは、謙遜は一過性ではないという点で、「永遠の曙光は、それ自身決して過ぎ去らない。謙遜も決して過ぎ去らない。なぜなら、父の右にいるキリストは、永遠に人間のままであり、その栄光を受けた身体は、常に受難の痕跡を携えているからである」（RA,p.34）。闇は罪の生、光は正しさの生を意味するとすれば、謙遜は永遠にわたる開明である。私は**誰**であるか、私は**何**であるか、この問いに答えるのが謙遜であるなら、謙遜は、認識論的と同時に存在論的に慧眼で、傲慢は盲目である。

もう一つの鍵は、光が闇を明るみに出すように（その反対は考えられない）、「謙遜を語る、それは、はじめにして常に、傲慢を語ることで、失ったこと、そこから遠ざかったことを語る」（RA,p.36）という点で、人は神の似姿（似姿は、既成の事実ではなく、目標、限りない努力を求められる、この意味で、理念 Idee に他ならないことを忘れてはならない）であるなら、傲慢は謙遜の欠如態で、謙遜の道を示す、それは、反対の方向に徘徊した道に気づくことを促す。クレティアンが、「謙遜に貫かれた魂は、鷲の眼差しを持つのではなく‐中略‐その眼差しは白鳩の眼差しである」（RA,p.39）と指摘しているように、傲慢が、自らを満足させる答えを引き出すために、問いを強要するのに対して、謙遜は、あくまで呼びかけに対する応答で、呼びかけの光により照らされている。

したがって、クレティアンが、「謙遜が最も意志的でないのは、ただ私たちに由来する時で、謙遜がまったく自己自身の愛ではない愛に由来し、私たちから自尊心と固有の意志を取り去る時には、最も意志的である」（RA,p.44）と指摘する、顕著な逆説が生じる。謙遜は、あらゆる他の徳の基礎であるとしても、この基礎は、建物の礎石のように固定した働きではなく、絶えざる更新で、謙遜は、すべてを変化させることのできる無、何も見ることのない眼と考えられる。そして、臆病や無謀が、やはり自己への固執により生じるのであれば、謙遜は、真の自己を明らかにしつつ（ここでもまた逆説が指摘できる）、自己意識という鏡を経ずして、眼差しを直接神へと差し向ける。この意味で、謙遜は慧眼に他ならない。

（b）不死

不死が問題となるのは、ただ死すべき者で、たとえば神の不死はもとより話題とはならない。神の不死は、いわば単純な分析的判断で、明らかになるのは、神の概念にすぎない。神の不死は、唯一人間にとって、死すべき者にとって意味がある。「不死の承認は、常に基礎として、キリスト教では、人間の人間性自身を構成するとして、死すべき運命を承認する」（RA.p.167）。死の理解と不死の理解は切り離せない。それゆえ、神の不死は、人間により、その希求する自らの不死の類推として理解されるとしても、実際には、後者をはるかに凌駕していることは明らかである。なぜなら、前者は、死すべき運命の反対ではないからである。

では、神の不死（人間の希求する不死の、考えられる限り唯一の可能性）と、死すべき者の不死とは、どのように結びつくのか。「愛は、参入不可能への参入、同化不可能への同化である」RA.p.173）。つまり、愛することで、人は愛する事柄に参画する。神を愛しつつ自らを不死へと導き、死すべきことを愛しつつ、死すべきとなる。やはり逆説で、「不死は、ここでは、自己の確証によるのではなく、自己の忘却である他者との結びつきの中で、到達され、守られる」（Ibid.）。愛が死よりも強いのは、ただ私が真の自己である、言葉を換えれば、私を忘れている限りで、愛の欠損、自己への執着は、死という深淵を開かれるがままにする。神への愛、これが死すべき者の最も高い愛であるなら、この愛自身が不死と考えられる。

クレティアンは、「移ろいやすさの免れという不死は、まさに一つの贈与である。しかし、神に対する愛による自らの放棄の外で与えられることができるような贈与ではない」（Ibid.）と述べている。ここで、一つの問題が提起されると思われる。クレティアンの言う《贈与》が、通常の言葉の使用通りに所有権の移転をともなうとすると、受け取り手である私にとり《自己放棄》が、少なくとも所有権の放棄を含意する以上、《贈与》（所有権の移転）が《自己放棄》（所有権の放棄）に対しておこなわれる、この難問が生じる。解決は一つで、不死という《贈与》は、所有権の移転を考慮外に置く、一言では、私が望みうる不死は、**私の不死**ではなく、神の不死への参画 participation に他ならない。これまで、donation は、期限付きの貸与で、「don は dépôt に他ならない点を指摘してきたのであるが、唯一にして究極の例外を承認する必要がある。不死という don は、参画で、この参画が許されるための道のりが、愛である。

もちろん、don を dépôt と解釈する視点を欠くとしても（この視点を持つためには、非所有の哲学[19]が求められる）、クレティアン自身が次のように言及する。「不死は、ただそれが与えられる場所でだけ所有されることができる。不死は、その完全さの一つにより、神が伝える音信で、生は神的生への参画である」（RA,p.178）。もとより、死すべき者の生は、一つの出来事、偶然にして無根拠にすぎない。それゆえ、神の恩寵が支え、神の比類なき他者性は、死すべき者の生の起源となる。「自らを死すべきと知る、それは、私は受け取った以外には何者でもなく、私自身では、無の中に瓦解するであろうことを知るのである」（RA,pp.178-179）。私の生は、受け取る、より正確には預託されるのであって、預託物をできる限り長く、良好な状態に保ち、しかるべき時に返却する、この預託（生きた）という事実は、決して消え去ることがない。

不死という論題は、キリスト教哲学が非所有の哲学として展開するという、一つの方向性を示す。たとえば、クレティアンは、「死の理解は不死に帰属する。なぜなら、贈与の無根拠（無償）性の理解なくしては、贈与は贈与として受け取られることができないからである」RA,p.179）と述べている。しかし、もし《贈与》が所有権の移転をともなうのであれば、生（私の所有）と不死（私の所有ではなく、私の権限には属さない）とは、どのように紐帯を保つのであろう。私が所有を失うという限りの死は、永遠の死であって、不死に参画することはできない。

つまり、《死の理解は不死に帰属する》のは、生と不死とは、前者は預託、後者は参画として、ともに私の所有の外に置かれているからで、神の恩寵の内にある限りで可能となる。don は預託であるから、私の死によりその期間が満了したとしても、donation は、あまねく他の人々や後の世代に引き継がれる。例として、私が書店で買い求めた書籍、**私の**書籍は、私の死とともに役割を終えるのに対して、私が図書館で借用した書籍は、私の死に関係なく、返却後に他の人の利用に給される。don が期間限定であることで、はじめて donation は永続的となる。この《贈与》はあくまで預託であるという解釈は、論点を移して、次のように検証される。

〝不死と無謬〟という表題（RA,p.179）の下で、クレティアンは、「魂が身体から離れる時は、身体にとっての死で、魂が神から離れる時は、魂にとっての死である」（RA,p.180）と述べている。ここで、《神から離れる》という言葉は、明らかに、神の否認を意味しているのではない。なぜなら、ある人が神を否認すると断言する場合には、その人の魂には、必ず（否定的であるとしても、何らかの形で）神が想定されているからである。魂の死あるいは神から離れるのは、魂が正しさを失う時に他ならない。「死ぬことがない、それは罪を犯すことがない。そして、不死であるのは、罪を犯すことさえできないことであろう」（Ibid.）。それゆえ、単純に、所有物と受託物のどちらに管理責任が重いかを比較するならば、後者であることに異論はないと思われる。罪に対して、所有は近く、受託は遠い。言うまでもなく、私が所有物を大切に扱い、受託物を粗末に扱うとすれば、すでに私は不正を働くことになる。私は所有者ではなく、非所有者であることで、正しさという義務が課せられる。

本来、人は死すべき者で、罪を犯す可能性をその構成的要素としている。他方で、不死の可能性（少なくとも不死を希求する可能性）を秘めている。被造物は、この死と不死という二つの可能性の結節点で、前者は自然的、後者は超自然的と考えられるが、両者は乖離せず、互いに排除しない。「一つの本質的結合は、被造物の現にある立場では、死という役割を不死に統合する」（RA.p.201）。死に向かう存在は、同時に不死へと向かう。やはり一つの逆説で、実際には、この逆説を長きにわたって生きてきたのが人間の歴史で、限られた短い期間に生きるのが個々の生であろう。

（c）視界

死と不死という問題は、また現世と来世、あるいは来世への希望、来世の希求という問いを生じる。はじめに、クレティアンは、「来世の現世に対する増大は、無限に開かれた生を有限に拘束された生に対立させない」（RA,p.207）と指摘する。ここで、来世のために現世を犠牲にするという発想は明確に否定される。死は自然的、不死は超自然的領域に属するとしても、両者は密接に関係しているのであれば、「自然と恩寵との区別は、現世と来世との区別に優越する」（RA,p.208）。現世と来世の連続と非連続は、ともに確証され、前者を忘れるならば、希望は意味を失い、それ以上に恩寵を否定することになる。

クレティアンは、「認識は、実際には、知られる存在が、それを知る人の中にあることで完成する。その終わり、真は、知性自身の中に住まう。それに対して、意志、欲求と愛の能力は、望まれる存在自身に私を傾かせ、向かわせる。そして、善、欲求の終わりは、私の内にあるのではなく、私が欲求する事柄自身の中にある」RA,p.215）と指摘する。神を愛することは、神を知ること以上に重要であり、また意志は、魂を私の外部にある、私以外の事柄に向ける、この点は疑うことができないと思われる。現世は、来世を意志し、この意志は、一種の適合性により自らを来世とともに確証する。適合性は恩寵によりもたらされるにしても、現世なくして来世なく、もとより恩寵はない。

神の愛と神への愛、この両者は、ともに直接性を特徴とする。前者は程度あるいは差異を持たず、後者が向かう対象は、対象自身でその類似ではない。知性は、いわば類似により、知性が向かう対象を知性の中に把捉する働きである。この理解にしたがえば、「認識の終わる所で愛が始まり、愛が終わる所で認識が始まる」（RA,p.217）。そして、この二つの働きは円環運動で、前後関係は問題外となる。翻って、一方は被造物から神へ、他方は神から被造物への運動と考えられるが、この時、円環運動が最も明確になる。一言では、キリスト教哲学の視界は、この円環運動で、ここでは、自然と恩寵、死と不死、あるいは現世と来世とを対立させる二分法、二項対立は成立しない。

したがって、永遠と時間との対立も斥けられ、「永遠の時間に対する増大は、時間の減少により語られることはできず、ただ時間はすでに、そこでは永遠が時間を穿ち、横断するような過剰を含んでいることの把握により語られる」（RA,p.226）。有限者が永遠に参与するとは、もしこのことが可能であるなら、有限者の希望の実現にして、その生の完成であろう。有限者が愛するのは、自分自身より大きく、常に先行し、はるかに超過する事柄で、時間は永遠を憧れる。被造物は、本来時間的存在で、神への眼差しは、一つの状態ではなくむしろ行為、働きで、「善く生きるとは、生の最も高い行為をおこなうことである」（RA,p.230）。この観点では、たとえば至福は、創造主が実行を可能にする被造物の一つの操作、行為で、被造物の有限は、無限の中に解消あるいは消失するのではない。被造物の生きる有限な時間は保持され、至福は個々の生の完成に他ならない。

神への眼差しが、被造物の個別性を不可欠な要素としていることは明らかで、「神が、被造物に与えるのは、まさに誰かにおこなわれた贈与で、その人を高め、変化させる。しかし、あたかもこの贈与なくしてはおこないえないように、ただその人自身が行動することを許しつつ高める」（Ibid.）。それゆえ、永遠は、その中で、行為が時間から引き離され、非決定であるような状態ではなく、行為による積極的参与である。永遠という時間の過剰、いわば視覚に対するまばゆい光を、被造物は、目をつぶるのではなく、一人の有限者の可能性として受け入れる。「神が有限者におこなう贈与による、有限者の自己の乗り越えは、有限の忘却や否定を何ら生じない。なぜなら、この過剰は、有限性が有限性である限りの固有で専一的な可能性を構成するからである」（RA,p.241）。

神は、自らのうちで、自らを脱していくのではなく、神の内で自らを脱していくのは、被造物である。「唯一有限な自己が、自己を乗り越えなければならないことができる」（RA,p.242）。同時に、一人の被造物の永遠への眼差しは、それ自身永遠ではなく、「神の生への参与が高まるほど、その理解不可能の把握が強まる」（RA,p.245）。神に近づくことができるのは、ただ神が理解不可能であるからで、神への眼差しは、不確かな認識、欠損のゆえに実現する。キリスト教哲学の視界は逆説に満ちている。「完全と欠損、魂が十分ではありえない事柄以外に、何も魂に十全ではない」（RA,p.247）。永遠や無限の希求は、この両者自身に向かうとしても、被造物がこれらについて保持している事柄に向かうのではない。「完全を欠損として考えなければならない。有限による無限の視界、完全としての欠損」（RA,p.251）。しかし、「神の褒美は、決して相殺するのではなく、超過する。神は常により以上与える」（RA,p.257）。

（d）責任

責任という論題は、言葉の持つ多義性によると思われるが、倫理学や哲学の一つの主要な領域を形成している。しかし、ここでは、呼びかけと応答という背景あるいは場の中で、この概念の意味を明確にする点に課題は限られる。そもそも責任 responsabilité という言葉は、respondere を語源とするなら、呼びかけに対する応答がその本来の意味で、ここから répondre à（答える、返答する）、répondre de（保証する、責任を持つ）といった使い方が生じる。それゆえ、はじめに責任（少なくとも呼びかけに対する応答と理解される）と帰責可能性 imputabilité との区別[20]が必要となる。

帰責可能性は、第一に、原因と結果との因果関係に基づき、この因果関係の立証が成立の根拠となる。第二に、問題となる出来事が起こった場合、原因として特定される人に、その事例に限って適用される。つまり、帰責可能性は、問題が生じない限り誰にも適用されず（成立せず）、この意味で、適用の対象は抽象的個人あるいは三人称の個人である。それに対して、責任は、呼びかけに対する応答である限り、因果関係の外部にあり、また被造物すべてが引き受けなければならない。免責は、帰責可能性にありえても、責任にはありえない。

この責任の普遍性、不可避性に、自らの立場から言及したのがフッサールとサルトルと思われる。フッサールは、「哲学者として、私たちの固有の存在の真理に対するまったく個人的な責任は、私たちの内個人的召命の中に、同時に、自ら、人類の真なる存在への責任を携えている」[21]と述べている。この引用文では、als Philosophen という言葉が使われているように、フッサールの念頭に置かれているのは、哲学者の絶対的自己責任 autoresponsabilité であるが、この自己責任は、個人的にして共同で、また人類全体に関わるという点で、全体的責任 omniresponsabilité と考えられる。

たとえば、クレティアンは、*Die Krisis* の同じ箇所を注釈して次のように述べている。「哲学者の責任は、まさにここでは、強い意味で、責任の責任、人類全体の未来の自己責任の、その個々の生の中で現前する自己責任である」[22]。この注釈にしたがえば、フッサールの意図は、本質的に未来に向けられた責任にあり、私個人の責任は有限であっても、人類の未来という限定されない責任を背景とする。ここで問われるのは、やはり人類全体の未来という言葉の具体的内容で、フッサールは、「人類の真なる存在は、ただ一つの目的 Telos に向かう存在として、少なくとも可能であれば、哲学によってのみ実現に達することができる」[23]と述べている。そして、哲学が唯一実現可能なただ一つの目的は、《理論の理論》、自らが、絶対的にして根源的な意味で確実であると同時に、他の諸学科を基礎づけることのできる認識の理論であろう。

したがって、フッサールの責任は、認識責任 Erkenntnisverantwortung に他ならず、認識責任では、個人と共同体とは互いに交流し合い、私は人類全体に責任を負うのであれば、私の自己責任は、ただ私が個人として自らに責任を負うといった責任ではありえない。クレティアンは次のように述べている。「個人は、共同体自身と共同体のために責任を負うのであるが、この共同体は、互いに傍らと外部に位置する諸個人の単純な集合ではなく、《相互人格的な志向性を通して》、個々の存在による一つの体系を形成し、あたかも、共同体の自己責任は、その成員の自己責任による行為の単純な合計ではなく、それ自身で、一つの総合、真なる組み合わせのようである」（FR.p.186）。

ここで、フッサールが哲学に課する、あるいは期待する役割は過大であり、その言葉は理念を述べているにすぎない、またクレティアンの注釈も、一つの可能性を一般化しているという批判が当然予想される。クレティアン自身、「哲学者がその全体的責任を遂行するのは、研究室の中である」（FR.p.188）と指摘しているように、全体責任は、あくまで超越論的主観性の枠の中で理解され、個人と共同体との交流は、明らかに超越論的主観性の持つ普遍性という確信に基づいている。しかし、現象学がヨーロッパという範囲に限られずに研究され、哲学という領域に留まることなく諸学科に影響を与えていることは否定できない。他ならぬ、現象学に基づくキリスト教哲学という構想は、フッサールの理念の（必ずしもフッサール本来の意図、認識責任とは一致しないとしても）実現の一つの試みである。

いずれにしても、フッサールの全体責任は、呼びかけに対する応答という視点を欠いていると考えられ、全体責任を引き受けるのは、やはり主格としての私である。サルトルはこの立場を徹底させ、おそらく、「人間は自由であるように断罪され、世界全体の重みをその肩に担い、存在様式である限りの世界と自分自身に責任を負っている」[24]という言葉は最も印象的と思われる。その理由の第一は、サルトルでは、自己責任は直接に全体責任で、そこに媒介（フッサールでは哲学研究）を必要としない。第二に、人間は、起こりうるすべての事柄を、その当事者として引き受けなければならず、すべては人間の投企に基づいて意味を持つのであるから、外部から到来する偶発事はない。最後に、人間とは私に他ならず、世界という重みを一人で担うのは私で、他者が私の責任を軽減することはない。

私が主格としての（サルトルでは主役と言うべき）役割を極限まで強調する時には、一種の誇張で、現実を無視した極端な理想主義、まさにdon-quichottismeに陥ることは明らかであるが、クレティアンはやや異なる解釈をおこなう。サルトルでは、すべてを語ることで何も語らない、つまり、私が責任を負うべき具体的行為が示されないことを踏まえて、「責任を負うべき行為は、まずサルトルにとり、否定的で、まったく内的な行為で、これについては、文脈の違いはあるにしても、ストア派の色彩を帯びていると考えざるをえない」（FR.p.189）。サルトルの出発点が禁欲的であることは、《人間は自由であるように断罪され》という言葉に示され、起こりうるすべての事柄は、原則的に、私の事柄であるなら、そこには不満、情動あるいは諦観が入り込む余地はない。一言では、責任は、運命の甘受に他ならない。

しかし、忘れてはならないのは、ストア派の禁欲は魂の平静を目的としているのに対して、サルトルの禁欲は参加engagementを目的とし、この意味で、能動的禁欲あるいは能動的否定である。クレティアンは、この点を次のように指摘する。「単独という情念pathosが、哲学的共同体というフッサールの情念に置き代わる」（FR.p.190）。フッサールからサルトルへ、責任の理解は変化し、後者では、呼びかけと応答という視点はまったく失われ、私が呼びかけると同時に応答する。他方で、両者は共通の立場に身を置く。「責任は私の世界についての解釈に関わり、私の世界の中での行為には関わらない」(Ibid.)。責任は理念的なままである。

フッサールとサルトルにとり、媒介の有無があるにしても、ともに自己責任が同時に全体責任でありうるのは、私は個人として、世界を変化させる極めて限られた能力しか持たないのに対して、私が世界を解釈する能力は無限であるからで、自己責任と全体責任との結びつきは、実践の有限が導き出す理念の無限と考えられる。私から出発する全体責任の理解が、暗礁に乗り上げることは明らかであろう。[25] たとえば、全体責任の実践は、他者を非難することなく、他者の責任を自らの責任として、その責任の肩代わりをする現実の行為と仮定してみる。しかし、このような行為、私の個人的責任を、他者の行為の責任を自らに引き受けると主張するまでに拡大する行為は、全体的責任に与することにはならない。なぜなら、この時、私はあくまで ego の内にあり、主導権は常に私にあり、私は、他者の肩代わりにより自らを失うことで、より一層私を確証することになる。

クレティアン自身は、この難題を次のように指摘する。「私は、自らの歴史を、共通の歴史から引き抜くことはできない。私の責任により、共通の責任という王国の中に、一つの王国を築くことはできない。しかし、共通の責任に、私の個人的責任を拡大する、あるいは私たちの責任を付加することで参画することは決してできないであろう」(FR.p.198)。そして、この了解に基づいて、一つの結論が述べられる。「私は、全体に対して責任を負うことなく、また負うことはできない。しかし、全体の真只中でだけ責任を負う。私は、他者に責任を負うか負わない。また他者は、私と、私が責任を負う、負わないという事実に対して、責任を負うか負わない」（FR.p.199）。つまり、難題の前で立ち止まり、人間の置かれている現実をそのままに受け入れる。

私から出発する全体責任の理解（フッサール、サルトル、そしてレヴィナス）が、自己責任と全体責任との相即という問題の解決で困難に陥り、結局は実践と理念との乖離に至る点を指摘しつつも、クレティアンは、問題の解決を導いているとは言い難い。この理由は、クレティアンと他の三者とが、《私》について、理解を共有している点に見出される。つまり、私を所有者とする超越論的主観性の痕跡に気づいていない。もし、私が、所有者として世界や他者に立ち向かうならば、自己責任（自らの所有を維持、拡大する）と全体責任（他者のために自己の所有を犠牲にする）とが対立するのは必定で、力点を、前者に置けば社会的無秩序、後者に置けば全体主義となる。それゆえ、私を明確に非所有者として理解する必要がある。donation は贈与ではなく、貸与で、私は受贈者ではなく、受託者にすぎない。私にとり（当然他者にとっても同様に）、すべては預託であるなら、自己責任は、保全としかるべき時の返却にあり、このような責任は、まさに同時に全体責任となる。私に与えられる事柄は、程度や様式の違いを考慮しても、また他者に与えられ、やがて他者に与えられる。そして、この関係は相補的である。呼びかけと応答は、預託と受託の関係とも理解され、この時、réponse は、言葉の充実した意味（自己責任と同時に全体責任）で responsabilité であると考えられる。

（e）積極的な消極主義

夏目漱石は、『吾輩は猫である』の中で、飼い主の家を訪ねた哲学者の言葉を、二十世紀を生きる猫の口を借りて次のように伝える。「西洋人のやり方は積極的積極的と云って近頃大分流行るが、あれは大なる欠点を持って居るよ。第一積極的と云ったって際限がない話しだ。いつ迄積極的にやり通したって、満足と云う域とか完全と云う境にいけるものぢゃない[26]」。ここで哲学者が念頭に置いているのは、私を主格として、世界をその支配、征服の対象と考える、典型的な主体と客体という図式による発想で、すでにこのような発想は、やがて行き詰まることが予見されている。そして、哲学者は、「西洋の文明は積極的、進取的かも知れないがつまり不満足で一生をくらす人の作った文明さ。日本の文明は自分以外の状態を変化させて満足を求めるのぢゃない。西洋と大に違う所は、根本的に周囲の環境は動かすべからざるものと云ふ一大仮定の下に発達して居るのだ[27]」と続ける。哲学者（漱石）の意図は、西洋の文明と日本の文明の違いに言及しつつ、前者の輸入に急ぐ同時代の人々に、忙しすぎる歩みを一歩止め、反省を促すことにあると思われる（「とにかく西洋人風の積極主義許りがいゝと思うのは少々誤まって居る様だ[28]」）。

ところで、二十一世紀を生きる猫ならぬ哲学を志す者が関心を持つのは、東西の文明の比較ではない。その関心は、西洋人自らが、《西洋人風の積極主義許りがいゝと思うのは少々誤まって居る》ことに気づいている、この点に向けられる。私という主格から出発する立場が積極主義であるなら、これに対立する立場は消極主義と呼ばれるにしても、後者は、単純に西洋とは異なる文明に限られるのではない。この立場はいわば洋の東西、時代の古今に関わらない。たとえば、マルクス・アウレリウスは、「自らを運命の女神に委ね、その意図すべてに仕えるために、運命の糸が紡がれるに任せよ」[29]と述べ、また道元は、「自己をはこびて万法を修証するを迷とす、万法すゝみて自己を修証するはさとりなり」（現成公案）と述べている。

非所有の哲学、あるいはキリスト教哲学は、私という与格（時には対格）から出発する点では、消極主義に属する。しかし、この消極主義は積極的であることを忘れてはならない。見える物があるのは、見えない物があるからで、この逆はありえない。同様に消極主義があるから積極主義があるので、後者はいわば前者という地に浮かび上がる図であろう。翻って考えるなら、フッサールの現象学 phénoménologie は、超越論的主観性に基づく限り、フッサール後の現象学、つまり phansiologie の一つの例で、積極主義は消極主義の一つの部門と思われる。積極的な消極主義、この逆説を生き抜くのが、非所有の哲学に裏付けられたキリスト教哲学の展開に他ならない。

注

はじめに

（1）Étienne Gilson, *Le thomisme*, J.Vrin, 1997

（2）*Op.cit.*, p.43

（3）*Ibid.*

（4）Étienne Gilson, *Introduction à la philosophie chrétienne*, J.Vrin, 2011, p.38

（5）この原文はl'existence de ce premier être que tous nomment Dieu で、existence と être とが区別されている。ところで、出エジプト記でモーゼに伝えられた神の名は Ego sum qui sum で、ここでは明らかに être が宣言され、他方では聖トマスの神の存在証明 quinque viae は existence を問題とする。なぜなら、五つの証明に共通するのは、私たちに与えられる外界の客観性、その明証性を手掛かりにするアポステリオリという性格である。つまり、existence の証明が究極の原因という神、存在がその本質の完全な単純さとして示される神への道と考えられている。

（6）*Op.cit.*, p.43

（7）*Op.cit.*, pp.68-69

（8）Jean-Luc Marion, *Philosophie chrétienne et herméneutique de la charité*, *Communio*, Fall, 1992, p.467 ここに示した出典は英語版で、*Christian philosophy and charity* という表題で Mark Sebanc により翻訳されている。

（9）*Ibid.*

（10）*Op.cit.*, p.468

（11）*Op.cit.*, p.470

（12）ヨハネの手紙 1, 4:8

（13）*De Veritate*, q.22, a.2, ad2m

（14）*Op.cit.*, p.471

（15）*Op.cit.*, p.469

（16）*Op.cit.*, p.471

（17）フィリップ・カペル - デュモンは、いわゆるフランス現象学の神学的転回に関連して、以下のような言及をおこなっている。「ここで要請される《錬金術》という言葉は、現象学、特にフランスでの現象学の現状で、制御できない不合理の動きを露わにすることを目ざすのではない。研究作業の異なる中心、多様にして互いに独立する意味連鎖を横断して、決して転回をしたのではなく、《転回》という考えを参照しない現象学理解の不可能性を明らかにした、歴史的なフランスの現象学の受容の中で、何かが実際に経過したことの指摘を目ざす」（Philippe Capelle-Dumont, *Finitude et mystere* II, Les éditions du cerf, 2013, p.119)。

（18）*Op.cit.*, p.473

（19）*Op.cit.*, p.472

（20）1930年代のキリスト教哲学をめぐる論争は、考慮の外に置かれる。本書の課題は、フランス現象学の進展（そのすべてではないにしても、少なくとも重要な部分にわたって）が自発的にキリスト教哲学の基礎づけとなり、その具体的展開をもたらすことの検討である。

（21）ジョスラン・ブノアは、自らを無神論者と明言した上で、マリオンの現象学理解の神学的傾向あるいは偏向について、次のように述べている。「実際、最終的に ***Réduction et donation*** で提示された、現象学が解き放つような、贈与作用 donation の《根源的》性格という考えは、自らの神学的目算 projet théologique - 神的であるような事柄の現象学的土壌、いずれにしても神的事柄の現れの現象学的条件を再発見するという - の根底自身と無関係ではない」（Jocelyn Benoist, *L'idée de phénoménologie*, BEAUCHESNE, 2001, pp.90-91)。ここで、「良き現象学は内在の次元に留まり、悪しき現象学は宗教的超越におもねる、あるいはおもねられるに任せるであろう」（Philippe Capelle-Dumont, *Op.cit., ibid.*）という図式的理解は無用で、課題となるのは、「フランス現象学の三つの作用（還元、志向性、構成）は、神学への準拠で描かれるべきであろうか、もしそうであるなら、どのようにして（引用者が一部改変）」（Philippe Capelle-Dumont, *Op.cit., ibid.*）を知ることである。

第一章

I

（1）Jean-Luc Marion, *Descartes hors sujet, Les études philosophiques*, Janvier2009-1, p.53以下DHと略記。表題で使われるhors sujetは、また《問題外》という意味で、デカルトを近代哲学で理解される主体に固執して読むことは、問題外との考えを示す。マリオンは、表題に、フランス語の熟語の持つ陰影により、その論旨を簡潔にして象徴的に表現するという修辞を好んで使う。たとえば、étant donnéは、与えられている、この意味とともに、ある事柄を説明するために事実を提示する、《ゆえに（puisque）》の用法を持つ。また、au lieu de soiは、私の場所、と同時に《私に代わって》を含意している。

（2）原語を使用する。なお、延長実体という訳語は誤りと思われる。

（3）たとえば、カントは「私は思惟するDas Ich denkeは、あらゆる私の表象にともなうことができるのでなければならない」と述べている。Immanuel Kant, *Kritik der reinen Vernunft*, §16, B132

（4）原語を使用する。

（5）マリオン自身が「ここでは、認められるように、Michel Henry, *Généalogie de la psychanalyse*, c.1, PUF,1985の名高い分析にしたがう」（DH, p.59, note.1）と述べている。

Ⅱ

（6）*Sur la pensée passive de Descartes*, PUF, 2013, p.23以下SPと略記。

（7）la phénoménologie posthusserlienne という言葉では、特にメルロ‐ポンティが考えられている。「現象学は、結局のところ、唯物論でも、精神の哲学でもない。その固有の働きは、そこでは、この二つの理念化がその相対的権利を見出し、そして乗り越えられるような、前理論的な層を露わにすることである」。Maurice Merleau-Ponty, *Signes*, Gallimard, 1960, p.268 なお、corps を身体と訳すが、chair は肉と訳すことなく原語を使用する。

（8）マリオンは、仮説としながらも、「受動的思惟は、統一（chair、私の身体）という問題と情念の検証とを結びつけ、そして情念の検証が諸徳の学説へと進展することを可能にする。このようにして、res cogitans の最後の様式が完成する」（SP,pp.23-24）と述べている。

（9）マリオンは、「Meditatio Ⅵの論証は、一六三七年とMeditationes Ⅲ・Ⅴの学説を変更した」（SP,p.44）と指摘しているが、少なくとも、物質的事物（たとえば蜜蝋）はただ精神の洞察により solius mentis inspectio 知られる（知覚される）という Meditatio Ⅱで示された基本となる立場は、Meditatio Ⅵでは、たとえば、外的事物の真理は、ただ精神により知られ、合成体（身体との）にはよらない de iis verum scire ad mentem solam, non autem ad compositum という言葉で明言される。マリオンの一連の解釈の妥当性は、「最終の問題とMeditatio Ⅵの本質となる結論は、外的事物の現実存在（問題を構成する）ではなく、その議論により、私の chair、思惟する

chair に関わる」(SP,p.56) と言われる《私の chair 》に委ねられる。

(10) René Descartes, *Meditationes de prima philosophia*, J.Vrin, 1978, p.70

(11) Descartes, *Op.,cit.*, p.75

(12) なお、この文は *Cartesianiche Meditationen* からの引用で、(Felix Meiner Verlag,p.113) Körper は corps、Leib は chair と訳され、全文は dans cette nature et ce monde, mon corps est le seul corps qui **est** et **peut** être originellement constitué comme chaircomme un organisme fonctionnant) (強調は引用者) となっている。レヴィナスは、他方で (*Méditations cartésiennes*, J.Vrin, 2014, p.180)、同じ箇所を、dans cette nature et dans ce monde mon *corps* (Leib) est le seul corps qui **soit** et qui **puisse** être constitué d' une manière originelle comme **organisme** (organe fonctionnant) (強調は引用者) と訳している。レヴィナスの訳は、フッサールがソルボンヌで講演をおこなった二年後の一九三一年にはじめて公刊され (出版社は A.Colin)、現在の出版社で一九四七年から出版されている (前掲書、発行者の言葉)。この二つの訳に見られる微妙な差異は、フライブルクの哲学者がパリに登場して以来のフランス現象学の歴史をうかがい知る格好の手掛かりと言える。

(13) ディディエ・フランクは、時間性という問題に関連して、「archi-hylétique な流れ (時間的方向という流れ) は、《phansiologique な流れ》という名を受け取ることができ、現象性自身である」(Didier Franck, *Dramatique des phénomènes*, PUF, 2001, p.16) と述べている。そして、同じページの注で、フッサール自らの言葉を引用しつつ、この phansiologique という用語を説明する。「cogitatio を、**その現実の構成要素にしたがって**検証する探求を、

phansiologique と名づける」（*Zeit in der Wahrnehmung, Husserlianna*, Bd.X, p.277）（強調は引用者）。フランクの言及する現象性は、cogitatio の現実の構成要素で、一つは時間性、一つは受動性と考えられる。

（14）たとえば、ジャン・フランソワ・クールティヌは、「一つの行為の志向性は、対象やその現実の実在性、その非現実存在、これらから独立して、行為に真に固有の一つの性格により決められる」（Jean-François Courtine, *La cause de la phénoménologie*, 2007, p.34）として、「志向性の理論で決定的な点は、照準は、つねに《意味 sens》あるいは《意義 signification》を通して到来することである」（*ibid.*）と述べ、志向性の能動的にして認識論的な（この意味で限定された）役割を指摘する。加えて、この著者の特徴として、「志向性の意味論的次元」（*Op.cit.*, p.89）が強調される。なお、筆者は、フッサール現象学の、少なくとも志向性に基づく限りの認識論的傾向を踏まえて、現れ全体（現れることと現れないこと、見えることと見えないこと、この両者にわたる）に向けられる視点を、おそらくこれがフランス現象学に他ならない、フランクの後を受けて現出学 phansiologie（φ α τ ν ω を含意して）と呼ぶことを提言する。つまり、phénoménologie は、phansiologie の認識論的部分で、この点を明らかにしたのが、クールティヌと思われる。

（15）デカルトの用語の引用は、すでにデカルト自身に chair という発想があった点を明らかにする意図による。《私の身体》と訳すことなく、原語を使用する。

（16）注の9で言及した課題、Meditatio Ⅵで明らかになる不変と変化は、この時点で一つの解決を見出すことになる。

(17) マリオンは、メーヌ・ド・ビランの「思惟が存続するのに対して無化された身体を仮定する、デカルトの懐疑は、考察されている原初の事実 fait primitif に、絶対的に反している」(Maine de Biran, *Essai sur lefondement de la psychologie*, J.Vrin, 2001, pp.150-151) という言葉を引用しつつ (SP, p.115, note)、「デカルトの懐疑は、ego cogito が存続している時には、meum corpus を無化しないで、ビランが原初の事実と定義したことをすでに言い表していると、むしろ言うべきであろう」(Ibid.) と述べている。メーヌ・ド・ビランを、身体論に限るとはいえ、現象学の先駆者とする意見 (Michel Henry, *Philosophie et phénoménologie du corps*) に対して、筆者は懐疑的であるが、マリオンのいわばデカルトの側からビランに接近する見解は傾聴に値すると思われる。なお、アンリへの批判については、拙著『メーヌ・ド・ビラン研究』、悠書館、二〇〇七年、二八九から二九四頁を参照。

(18) pensif という言葉は、漠然と物思いに沈むという意味で、ある特定の対象を自発的に思念する態度とは異なる。たとえば、ベートーヴェンの音楽は musique pensante で、ドビュシィの音楽は musique pensive と言えるかもしれない。

(19) ここでは、アリストテレスの《持つこと、習性 εξις、habitus》、「事物が自らに、あるいは他の事物に関して、良くまたは悪く配置されるという資質」(Aristote, *Metaphysica*, 1022,b10) が念頭に置かれている。また、受動性という用語は πάθος に他ならない。

(20) マリオンが、フッサール後の現象学という時、ハイデガーとメルロ‐ポンティが中心となっていることは明らかとして、ここにアンリが加わる。たとえば、アンリは次のように述べている。「生は、それが明らかにすることは、けっして外部にないという仕方で――生に外的で、異質な何らかの事柄ではけっしてない、まさに自らを明らかにする。それゆえ、生の顕示は auto-révélation で、この原初的にして純粋な《自らが自らを体得する》では、体得すると体得されるとはただ一つにすぎない。しかし、このことは、生が置かれる顕示の現象学的様式が、パトス、その現象学的素材は実際に純粋な情動性という、隔たり、眼差しのない苦楽の把捉、純粋な印象性、私たちの chair に他ならない根源的に内在する auto-affection という限りで可能である」(Michel Henry, *Incarnation*, Editions du Seuil,2000, p.173)。しかし、すでに引用文で明らかなように、アンリでは、用語の意味が必ずしも厳密に定義されていないで、使われる概念の意味範囲が大きく、そこに恣意的な解釈が入り込む余地を残している。

(21) onto-théo-logie を形而上-神-学と訳すことは可能と思われるが、原語のまま使用する。なお、ここでの《二重化》は、存在である限りの存在を扱う一般形而上学と、ego を自己思惟作用、神を存在、世界の原因である自己原因と見なすような特殊形而上学、この両者にわたることを意味する。

(22) 以下の記述は、筆者が SP,p.180 の内容を要約した。

(23) 以下の記述は、筆者が SP,p.205 の内容を要約した。

(24) メルロ-ポンティは、次のように指摘している。「原初的な知覚では、視覚と触覚との識別は知られていない。感官の識別を私たちに学ばせるのは、人間の身体の科学である。生きられた事物は、感官の与件から出発して、再発見あるいは構成されるのではなく、一気に、そこから感官の与件が放射する中心としてもたらされる」(Maurice Merleau-Ponty, *Sens et non-sens*, Gallimard, 1996, p.20)。

（25）マリオンは、「ニヒリスムの一撃の下で、抗しきれない、少なくとも長くて多くの危機に入り込むのは、はじめに理性の形而上学的な定義である」（Jean-Luc Marion, *Apologie de l'argument*, *Communio*, mars-juin1992, p.13）と述べている。ここで、ニヒリスムを、たとえば最も高い価値の崩壊と考えるなら、形而上学（正確にはonto-théo-logie）の神は、哲学者（正確には主格としての ego）の概念の展開にすぎないのであって、もとより最も高い価値の基礎づけは不可能と思われる。それゆえ、理性の形而上学的定義から出発して、そしてこのことに無自覚なまま、合理性の基礎を破壊すると主張するニヒリスムは、明らかに形而上学の完成に他ならない。

（26）以下の記述は筆者がSP,p.265の内容を要約した。

（27）マリオンが、「唯一の問題は、我信ずのアーメン l'amen du Credo に至るまで、合理主義者でいるために、常に十分な一貫性とともに、思惟しているかどうかを知ることである」（*Apologie de l'argument*, p.18）と述べる時、念頭に置かれているのは、主格としての ego なき合理性である。また、この立場から、「厳密に合理主義者としてとどまるという義務は、直接に、神の拒絶が理性に課すると主張することのできる、すべての不当な制限を批判する義務を含意する」（*Ibid.*）と指摘される。

（28）原語を使用する。なお、マリオンは、Gegebenheit を donnéité と訳している。和訳は、donation：贈与行為（作用）、donnéité：贈与性と思われる。

（29）Claude Romano, *La phénoménologie doit-elle demeurer cartésienne ?*, *Les études philosophique*, Janvier2012-1, p.27 以下 PC と略記。

（30）ロマノは、フッサールが Leibhaftigkeit（肉体をそなえた、生々しく）と Glaubhaftigkeit（信認的）との区別をおこなったことを指摘している。PC, p.41

（31）サルトルは、「ベルグソンは、意識は必然的に相関項を必要とし、フッサールのように語るなら、意識は常に何らかの事柄についての意識であることに思い至らない。意識は、ベルグソンでは、一つの性質、与えられた性格、ほとんど一種も実在の実体的形式として現れる」（Jean-Paul Sartre, *L'imagination*, PUF, 2012, p.38）と批判する。

（32）Jean-Luc Marion, ***Remarques sur l'origine philosophique de la donation***（*Gegebenheit*）, *Les études philosophique*, Janvier2012-1, p.110 以下 RO と略記。

（33）RO, p.110、フッサールの原文は、*Die Idee der Phänomenologie*, Hua.II, p.44, 19-22

（34）以下の記述は、筆者が RO, p.111 の内容を要約した。なお、マリオンは、同じページの注3で、「事実上、フッサールは、一九〇七年以降、他の《本物の donation の様式》、特に chair、受動的総合、相互主観性と目的論を発見することになる。後に続く現象学は、donation の項目に、以下を付加することを止めない（存在／存在者、時間、世界と真理、顔、auto-affection、解釈学と différance、など）。これらすべてが、言うと言わないにかかわらず、donation の範疇に入ることは支持される」と述べている。

（35）RO,p.116　なお、マリオンは Wisenschaftlehere でボルツァーノ、Erkenntnistheorie でカント、Gegenstandstheorie でマイノンク、Seinsfrage でハイデガーを含意している。

（36）Jean-Luc Marion, *Reprise du donné*, P.U.F., 2016, p.12 以下 RD と略記。

（37）ロマノは、「ジャン - リュック・マリオンが、《donation》によるのとまったく同様に、《還元》により意図している事柄を理解しなければならない。なぜなら語られている還元は、後に見るように、フッサールの還元ではない」*Le don, la donation et le paradoxe*, in *Philosophie de Jean-Luc Marion*, Hermann, 2015, p.15）と指摘している。

（38）Jean-Paul Sartre, *L'imaginaire*, Gallimard, 1986, p.343

（39）マリオンは「《生 vie》の遅れ、猶予期間のない、常にすでにそこにあり、常に私に私自身以上に親密であるという事実性は、実際、呼びかけという性格を持っている」（RD,p.41）と述べ、生と応答／呼びかけとの一義性に言及する。

第二章

I

（1）*Doubler la métaphysique*, in *Métaphysique et christianisme*, PUF, 2015, p.174 以下 DM と略記。

（2）Pascal, *Pensées*, Garnier-flammarion, 1976, p.291

（3）*Op.,cit.*, p.292

Ⅱ

（4）*Remarques sur l'utilité en théologie de la phénoménologie*, in *Philosophie et inspiration chrétienne*, Parole et Silence, 2015, p.366 以下 RU と略記。

Ⅳ

（5）Emmanuel Mounier, *Le personnalisme*, PUF, 1971, p.20 以下 LP と略記。

（6）ムーニエは、この言葉を、ガブリエル・マルセルとメーヌ・ド・ビランの本質的な主題としている（LP, p.28, note1）なお、メーヌ・ド・ビランについては、「メーヌ・ド・ビランは、フランス人格主義の近代の先駆者で、具体的な現実存在を、思惟の偽りの《要素》に解消する観念学派の心的機構を告発し、自我を、それにより世界へと働きかける運動の努力の中に求める」（LP, p.14）と述べている。ムーニエの人格主義は、古くはビラン、同時代ではルヌヴィエ、そしてマルセルの再試行と考えられる。

Ⅴ

（7）*Refaire la Renaissance*, Editions du Seuil, 2000, p.457 以下 RR と略記。

（8）Jean-Louis Chrétien, L' appel et la réponse, Les éditions de minuit, 1992, p.14 以下 AR と略記。

（9）クレティアンは、美について、「美の現れは、突然に、最も遠いことを、近くにする。この近さは、あらゆる喜びの中で、最も高い喜びを形作る」（L' effroi du beau, La nuit surveillée, 2011, p.55）と述べつつ、「はじめに美が与える事柄は、激しい不安、驚愕、恐怖である」（Ibid.）と述べている。そして、「恐怖を与えることは、何も与えないと思われる。恐怖は、私を、激しくその脆弱さに投げ返し、あらゆる私の有限性の重みで、私を圧しつぶす」（Op.cit., p.56）と指摘する。しかし、美は、当初は驚嘆 Wunder であっても、やがて称賛に値する wunderbar に変わり、最後は愛すべきに至る。問題は、この変遷のよって来る所以で、一言では、私の主格から対格、そして与格への役割の変化であろう。美は受容性（感受性）に他ならず、この意味で、私という与格を、最も明らかに示すことになる。

（10）Merleau-Ponty, Le visible et l' invisible, Gallimard, 1964, p.261 なお、この引用文の後で、次のように述べられる。「それぞれの可感的事物については、私たちは、ただその意味への身体的参画によって、つまり身体により、その《意味する》の様式と結びつくことで、その観念を持つことができる」。メルロ - ポンティにとり、呼びかけと応答は、「私たちの世界への身体的関係」（Ibid.）に他ならない。

（11）Merleau-Ponty, Signes, p.70

（12）Op.cit., p.72

（13）Merleau-Ponty, *La prose du monde*, Gallimard, 1969, pp.158-159

（14）*Signes*, p.294

（15）クレティアンは、メルロ - ポンティの「触れるは、自らに触れることである」（*Le visible et l'invisible*, p.308）という言葉を引用している（AR,p.102）。しかし、見落としてはならないのは、この引用文の後の「事物は私の身体の延長、私の身体は世界の延長で、身体により、世界は私を取り囲む」という箇所と思われる。ここで延長prolongementと言われているように、身体と世界は、あくまで同質にして同時の連続で、呼びかけと応答の関係で理解されているのではない。メルロ - ポンティの現象学は、超越への視点（仮に否定的な意味であるとしても）を欠き、内在に終始する点で、キリスト教哲学の手前に位置する。

（16）触覚と触れる、この両者の区別については、「触覚と触れるとの混同は、一般的感覚と個々の感覚との混同で、ただ触れるは、五感に数えられ、触覚は五感の基礎である」（AR,p.137）と述べている。

Ⅶ

（17）*Le regard de l'amour*, Desclée de brouwer, 2000, p.7 以下 RA と略記。

（18）chrétien を、キリスト教徒ではなく、キリスト者と訳すのは、前者では、制度的、因習的な信者を意味し、後者では、キリスト教の教義や哲学を真摯に引き受ける人を意味するためである。

（19）この言葉は、筆者が自らの哲学的立場を明らかにするために使用する。なお、詳細については、一連の拙著、

『非存在の神学と非所有の哲学』（アルテ、二〇一二）、『ジャン＝リュック・マリオンを読む』（アルテ、二〇一二）、『非所有の哲学を求めて』（アルテ、二〇一四）を参照されたい。

（20）ポール・リクールは、帰責可能性について、「行為をその動作主に帰すること」（Paul Ricœur, *Soi-même comme un autre*, Editions du seuil, 1990, p.338）と述べる。また、責任については、一方で、「誰かが、その行為の結果を引き受ける、つまり、いくつかの来るべき出来事を、自ら自身の代表として保持することを含意する」（*Op,cit.*, p.341）、他方で、「責任は、すべてが自らの行いではないにしても、自らの事柄として引受けるような、影響を与える過去を引き受けることを含意する限りで、過去に向けられた顔を持つ」（*Op,cit.*, p.342）と述べている。明らかに、帰責可能性（過去あるいは現在に限られる）に対する、責任の時間的拡がりが指摘されている。しかし、両者の区別は、時間的拡がりだけではなく、その本質に及ぶ。

（21）Edmund Husserl, *Die Krisis der europäischen Wissenschaften und die tranzendentale Phänomenologie*, Felix Meiner Verlag, 1996, p.17

（22）Jean-Louis Chrétien, *Répondre. Figures de la réponse et de la resposabilité*, PUF,2007, p.184 以下 FR と略記。

（23）*Ibid.*

（24）Jean-Paul Sartre, *L'Être et le Néant*, Gallimard, 2016, p.727

（25）クレティアンにしたがえば、レヴィナスも例外ではない。「レヴィナスが言うように、私は、あらゆる参加に先立って責任を負っているというのは、抽象的な個人的観点からのみ有効である。社会的には、私は、常に法の下にあり、参加と義務という網の中に、常にしてすでに捕らえられている。これらなくしては、私は、moi ではないであろう」（FR.p.200）。

（26）夏目漱石、全集第一巻、岩波書店、一九九三、三五五頁

（27）前掲書、三五六頁

（28）前掲書、三五七頁

（29）Marcus Aurelius, *Meditations*, Harvard University Press, 1994, p.88

あとがき

本書は、筆者が自らに課した、非所有の哲学の構想と展開という大枠の下で、フッサール後の現象学、つまり phansiologie に基づくキリスト教哲学を検討することを意図としている。この意図は、非所有の哲学はキリスト教哲学として典型的に現れ、またキリスト教哲学は非所有の哲学により裏打ちされるという確信を論証しようという志に他ならない。それゆえ、現象学、特に神学的傾向を持つフランス現象学の記述に多くの紙面が割かれているとしても、視野は、フランス現象学の研究、ましてやこの学派に属していると思われる哲学者の詮索に限られるのではない。

すでに繰り返して指摘しているように、哲学研究を哲学者の詮索と同一視するのは、池の水面《みなも》に映った月を、真なる月と思い込み掬おうとする行為で、このような思い込みに囚われている人は、水面に映る月ならぬ自分自身の顔を見て、その正体が何であるかを知り、驚愕するに違いない。

視野を広く持つ、このことは西洋の哲学者にとっては、具体的には、題材を、近代以降あるいは同時代の哲学に求めるだけではなく、古代と中世の哲学、あるいは絵画や音楽、文学に求める姿勢であろう。たとえば、マリオンは絵画論（*La croisée du visible, Courbet ou la peinture à l'œil*）を、ロマノは文学論（*Le chant de la vie, phénoménologie de Faulkner*）あるいは文学作品（*Lumière*）を公刊している。

このような例を手本としつつも、非西洋文化の中での哲学の営みは、むしろこれに加えて、自国の思想や文学にまで関心を持つことは、自らの足元を確認する意味で、必須であると思われる。目指すべきは、専門的な研究の深化と、遠くを見通すことのできる眼差し、言葉を換えれば、西洋哲学の可能な限りの受容と、非西洋の思想を踏まえつつおこなわれるその批判的継承であろう。本書が一歩でもこの方向（理想）に進んでいるならば、大きな収穫と言える。

最後に、執筆に際して、様々な知的刺激との出会いの場となった、上智大学教授長町裕司先生主宰の現象学研究会のことを書きしるし、先生をはじめ、研究会を構成する院生（石田寛子、伊勢美里、大山匠、島田有佳、馬場翔太郎）の皆さん、そして学術書の出版のきわめて困難なこの時期に、本書の出版を快諾された、アルテ市村敏明氏にあらためてお礼を申し上げたい。

二〇一七年　春を待ちながら

佐藤　国郎

◆著者

佐藤　国郎（さとう　くにろう）

2006年、横浜市立大学大学院国際文化研究科博士課程修了。博士（学術）。著書『メーヌ・ド・ビラン研究——自我の哲学と形而上学』（悠書館、2007年）『自由と行為の形而上学——ジュール・ラシュリエとモーリス・ブロンデル』（学術出版会、2008年）『J.L.マリオン論考——学から思惟へ』（教友社、2010年）『非存在の神学と非所有の哲学——ジャンケレヴィッチを超えて』（アルテ、2012年）『ジャン＝リュック・マリオンを読む——私という不可解』（アルテ、2013年）『非所有の哲学を求めて——出来事との遭遇』（アルテ、2013年）

霊性の現象学 ——キリスト教哲学のために

2017年4月25日　第1刷発行

著　　者　佐藤　国郎
発 行 者　市村　敏明
発　　行　株式会社　アルテ
〒170-0013　東京都豊島区東池袋2-62-8
BIGオフィスプラザ池袋11F
TEL.03(6868)6812　FAX.03(6730)1379
http://www.arte-pub.com
発　　売　株式会社　星雲社
〒112-0005　東京都文京区水道1-3-30
TEL.03(3868)3275　FAX.03(3868)6588
装　　丁　兒玉　奈津代
印刷製本　シナノ書籍印刷株式会社

ISBN978-4-434-23241-1 C0010